自治体議会政策学会叢書

自治体と男女共同参画
―政策と課題―

辻村 みよ子 著
（東北大学大学院教授）

イマジン出版

序

　「人権の世紀」といわれる21世紀は、「男女共同参画の世紀」でもある。1999年に制定・施行された男女共同参画社会基本法（以下、基本法と略記）は、男女共同参画社会の実現を「21世紀の我が国社会を決定する最重要課題」として位置付けた。ここでいう男女共同参画社会とは、「男女が、互いにその人権を尊重しつつ責任も分かちあい、性別にかかわりなく、その個性と能力を十分に発揮することができる」社会（基本法前文）である。このような社会を実現するために、基本法は国や地方公共団体に対して施策実施等の責務を、国民に対して努力義務を課した。これをうけて、国は、2000年12月に「男女共同参画基本計画」を閣議決定し、内閣府に設置した男女共同参画会議と専門調査会、男女共同参画局を中心に具体的な施策を実施してきた。

　全国の自治体でも、2000年3月の東京都・埼玉県・出雲市などの条例を先頭に、男女共同参画推進条例等を制定して積極的な取組みを進めてきた。基本法の制定・施行からわずか6年のあいだに、都道府県で制定された男女共同参画推進条例は46、市町村では269、男女共同参画推進計画等は都道府県47、市町村では999（2005年7月1日現在）にも及んでいる。短期間にこれだけ多数の条例や基本計画が策定されて具体的な取組みが進んできたことは、その必要性がいかに大きいかを示している。いいかえれば、法律や条例を制定して制度的な転換をはからなければ、日本社会に根ざした性別役割分業や構造

的な男性支配型社会のありようは容易には変わりそうもない状況がある。

　このことは決して日本だけではない。積極的な法的措置を導入しなければジェンダー平等の達成が困難であることを認識して、世界の多くの国で政府・与党が本腰を入れて男女共同参画政策に取り組んでいる。最近では、ポジティヴ・アクション（積極的差別是正措置ないし積極的改善措置）を導入することによって、政治・行政分野や雇用における女性の参画率を高めた国は多い。

　これに対して、日本では、ポジティヴ・アクション等の具体的施策は殆ど実施されておらず、とくに政治・行政分野の女性参画率が極めて低い。衆議院の女性議員率7.1％という数値は世界178カ国中136位にあたる（参議院でも13.66％、両院あわせて9.2％）（2004年10月末現在。巻末資料⑮参照）。地方議会でも女性議員の比率が7.9％にすぎないという憂慮すべき状況にある。そのうえ最近では、日本の伝統や文化を持ち出して男女共同参画の考え方に反対するバックラッシュの影響がある。男女共同参画や「ジェンダー・フリー」が、男らしさ・女らしさなどの性差や専業主婦の否定につながるという誤った考え方が一部に出現した背景には、男女共同参画やジェンダーの観念自体についての理解不足や誤解が存在していると思われる。

　しかし、男女共同参画を推進することが専業主婦等の選択を否定するものでは勿論ないし、性差を否定するものでもない。めざすべきものは、男性・女性という性差に由来する固定観念や偏見（ジェンダー・バイアス）などの否定である。ジェンダーとは、一般に「文化的・社会的に形成された性差・性別」と解されてきたが、男性とは、女性とはこういうものであるという特性論や、性

差や性別ついての固定観念など、いわば作られたイメージを前提としてものごとを考えることをやめ、性別に基づく偏見等から解放されて、男女ともに個人として尊重される社会をつくることが目標である（この点では、「ジェンダー・フリー」という言葉には誤解をまねきやすい要素があったとも考えられる）。いずれにしても、性差や性別をなくすという意味ではなく、性差に由来する不当な差別や偏見などをなくそうという意味であり、本来は「ジェンダー・バイアス・フリー」のことであることを改めて確認しておきたい。また、男女共同参画やジェンダー・バイアス・フリーの考え方は、フェミニズムや女性のためのものではなく、性差そのもの、男女を分ける境界線そのものを問い直すことで、男女双方にとって有益な、理想的な関係を築くことをめざすものである。

　本書では、以上のような最近の動向をふまえて、男女共同参画社会が、いったいどのような社会なのか、なぜ男女共同参画推進が必要なのかをもう一度考えてみよう。とくに、全国の地方自治体の男女共同参画政策や条例の特徴などを検討し、今後の課題を明らかにすることにしよう[1]。

---

[1] 本書は、2005年4月15日に仙台でおこなった「第7期自治政策講座」の講演内容を記録したものであるが、東北大学21世紀COEプログラムの研究成果であるジェンダー法・政策研究叢書第2巻『日本男女共同参画』（辻村みよ子・稲葉馨編、東北大学出版会、2005年3月刊）および拙著『ジェンダーと法』（不磨書房、2005年3月刊）での検討に基づいているため、詳細についてはこれらを参照していただければ幸いである。

目　　次

序 …………………………………………………………………… 3

1　なぜ男女共同参画社会をめざすのか ……………………………… 11

2　男女共同参画社会基本法と世界の動向 …………………………… 20

　①　世界の動向—女性差別撤廃から男女共同参画へ ……………… 20
　　　1　国連における女性差別撤廃の取組み ……………………… 20
　　　2　世界人権会議等の展開—差別撤廃から「女性の人権」・
　　　　　男女共同参画へ ……………………………………………… 22
　②　男女共同参画社会基本法の制定と国の取組み ………………… 25
　　　1　基本法制定過程と「男女共同参画」の観念 ……………… 25
　　　2　男女共同参画社会と男女の人権 …………………………… 25
　　　3　男女共同参画社会の実現手段 ……………………………… 27
　　　4　基本法後の国の取組み ……………………………………… 28

3　地方公共団体の取組みと現状 ……………………………………… 30

　①　男女共同参画推進条例の制定 …………………………………… 30
　②　男女共同参画推進条例および施策の特徴 ……………………… 33

4　自治体の男女共同参画政策の諸課題 ……………………………… 40

　①　男女共同参画の観念をめぐる問題 ……………………………… 40
　　　1　条例制定時の論議 …………………………………………… 40
　　　2　男女共同参画とジェンダーの観念 ………………………… 41
　②　ポジティヴ・アクションをめぐる課題 ………………………… 44
　　　1　ポジティヴ・アクションの観念と用法 …………………… 44

2	ポジティヴ・アクションの諸形態と限界 ……………	46
3	ポジティヴ・アクションの適用範囲と自治体の課題 …	48
1	公務分野 ………………………………………………	48
2	政治分野 ………………………………………………	50
3	雇用分野 ………………………………………………	54
4	公契約の入札、補助金支給など ………………………	55
5	教育分野 ………………………………………………	57
③ 自治体の男女共同参画政策におけるその他の課題 …………		58

おわりに …………………………………………………………… 60

〔主な参考文献〕 ……………………………………………… 62

資料編 ………………………………………………………… 64
　資料① 略年表（ジェンダー法関連年表） ………………… 64
　　（1） 諸外国の動き ……………………………………… 64
　　（2） 国連と日本の動き ………………………………… 66
　資料② 男女共同参画社会基本法 …………………………… 68
　資料③ 男女共同参画に関する条例（都道府県）一覧 ……… 74
　資料④ 男女共同参画に関する計画（都道府県）一覧 ……… 77
　資料⑤ 都道府県・政令指定都市等の男女共同参画推進条例
　　　　 の比較 ………………………………………………… 80
　資料⑥ 主要条例 ……………………………………………… 94
　　（1） 東京都男女平等参画基本条例 …………………… 94
　　（2） 埼玉県男女共同参画推進条例 …………………… 98
　資料⑦ 男女共同参画・女性問題に関する推進体制（市（区）
　　　　 町村） ………………………………………………… 102
　資料⑧ 女性管理職の登用状況（市（区）町村） …………… 104
　資料⑨ 女性公務員の登用・採用のための措置（都道府県・
　　　　 政令指定都市） ……………………………………… 106
　資料⑩ 地方議会における女性議員の状況 ………………… 108
　資料⑪ 市（区）町村議会における女性議員の状況 ………… 110

資料⑫	男女共同参画・女性関係予算 ………………………………	112
資料⑬	男女共同参画・女性問題に関する職員研修の実績 …	114
資料⑭	自治体と民間団体（女性団体等）との連携 …………	116
資料⑮	世界女性国会議員比率ランキング ……………………	118

〔著者紹介〕……………………………………………………… 120
COPABOOKS発刊にあたって …………………………………… 121

1　なぜ男女共同参画社会をめざすのか

　男女が、性別に由来する不当な差別や偏見によって、その自由や人権を侵害されることなく、個性と能力を十分に発揮して、政治的、経済的、社会的、文化的活動などあらゆる活動に参画できるような社会が、男女共同参画社会である。このことを、男女共同参画社会基本法は、「男女が、社会の対等な構成員として、自らの意思によって社会のあらゆる分野における活動に参画する機会が確保され、もって男女が均等に政治的、経済的、社会的及び文化的利益を享受することができ、かつ、共に責任を担うべき社会」という定義によって明らかにしている（2条）。

　例えば、「女性は育児や介護に向いている」、「育児・看護は女の仕事」、などの特性や性役割についての固定観念に基づいて保育や看護の仕事を女性だけに限るのではなく、女性にも男性にも、それに向いている人もいれば、そうでない人もいると考えて、男女ともに個性や才能に基づいて、男女ともに保育や看護の仕事に就けるようにすること。それが、このような男女共同参画社会に求められている。従来の看護婦や保母という名称が、近年、看護師・保育士にかわり、その職場が男女両性に開かれたことは、その好例であろう。また、「女性は家事・育児があるから夜間の会議に出席できない、あるいは転勤できない。だから、女性は昇進できない」というような性別役割分業観に基づく論理によって、不当な昇進差別などをされることのない社会が、男女共同参画社

会なのである。

　ではいったい、なぜ、いま、このような社会をめざす必要があるのか。それを考えるために、まず日本の現状についてみておこう。

　ここでは、戦前の旧憲法下の日本女性が、参政権もなく、前近代的（封建的）な「家制度」・家父長制のもとで、父や夫に対する従属的な地位にあったことについて改めて説明する必要はないであろう[2]。問題は、1946年の現行憲法下で、個人の尊重と幸福追求権（13条）、法の下の平等（14条）、男女平等な普通選挙権（15条）、婚姻の自由、家庭における男女同権と個人の尊厳（24条）などが保障され、「家制度」も廃止された後の、戦後60年後の現状にある。

　まず、政治参画の面からみよう。日本女性が参政権を獲得したのは、1945年10月にマッカーサーが日本の民主化に関する5大改革を示し、その第1項目に「参政権の賦与による日本婦人の解放」を掲げたことによる。これにより女性参政権が認められ、翌年4月の衆議院選挙では初めて39名の女性議員が誕生した。しかしその後も、女性の議員率が2～3％台の時期が長く続き、60年後の今でも、第1回選挙の当選者数を超えることができない状況にある。衆議院・参議院・地方議会における女性議員率の推移については、資料（図表1、2、3）のとおりであり、世界的に見ても、全世界の議会における女性議員率の平均が15％を超えていること、世界178か国中衆議院の女性議員比率が136位で、発展途上国以下の状況にあることは重要である（資料⑮参照）。行政分野

---

[2] 詳細は、拙著『女性と人権』日本評論社、1997年、第4章参照。

図表1
第1-1-1図 ●衆議院立候補者,当選者に占める女性割合の推移

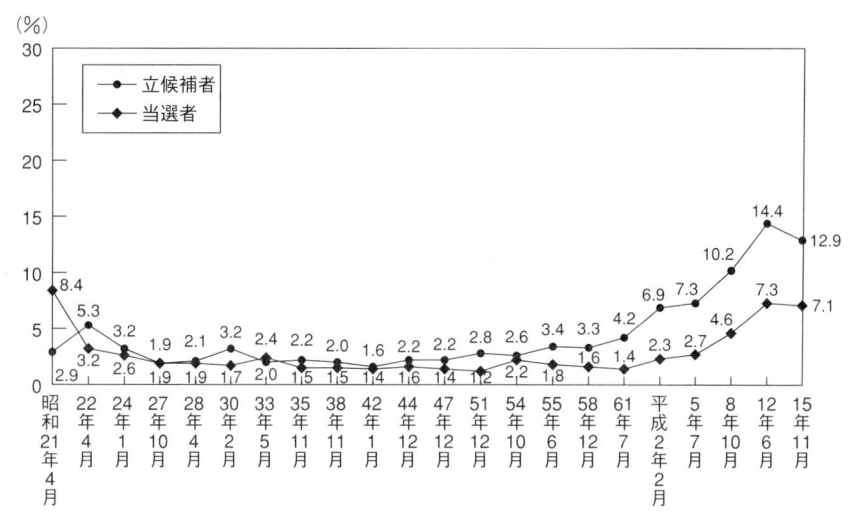

時期	立候補者(%)	当選者(%)
昭和21年4月	8.4	2.9
昭和22年4月	5.3	3.2
昭和24年1月	3.2	2.6
昭和27年10月	1.9	1.9
昭和28年4月	2.1	1.9
昭和30年2月	3.2	2.0
昭和33年5月	2.4	1.7
昭和35年11月	2.2	1.5
昭和38年11月	2.0	1.5
昭和42年1月	1.6	1.4
昭和44年12月	2.2	1.6
昭和47年12月	2.2	1.4
昭和51年12月	2.8	1.2
昭和54年10月	2.6	2.2
昭和55年6月	3.4	1.8
昭和58年12月	3.3	1.6
昭和61年7月	4.2	1.4
平成2年2月	6.9	2.3
平成5年7月	7.3	2.7
平成8年10月	10.2	4.6
平成12年6月	14.4	7.3
平成15年11月	12.9	7.1

(備考) 総務省資料より作成.

(内閣府男女共同参画局編『男女共同参画白書(平成17年版)』より引用)

図表2
表1-1-2図 ●衆議院立候補者,当選者に占める女性割合の推移

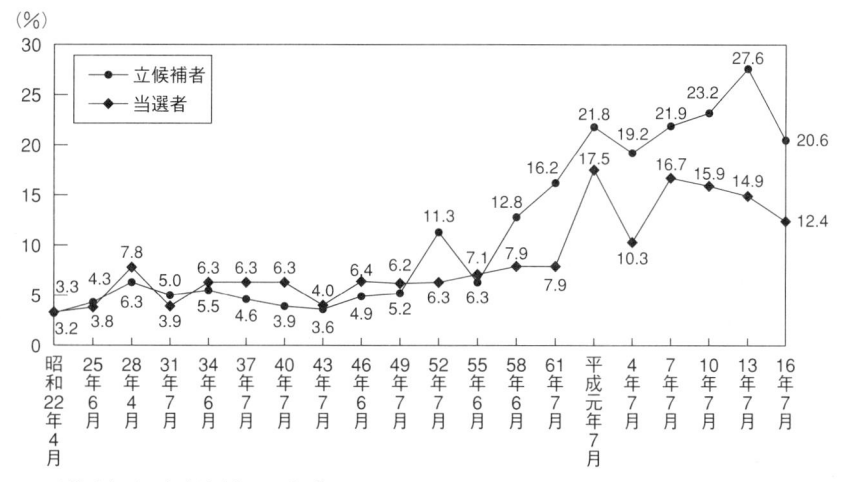

時期	立候補者(%)	当選者(%)
昭和22年4月	3.3	3.2
昭和25年6月	4.3	3.8
昭和28年4月	7.8	6.3
昭和31年7月	5.0	3.9
昭和34年6月	6.3	5.5
昭和37年7月	6.3	4.6
昭和40年7月	6.3	3.9
昭和43年7月	4.0	3.6
昭和46年6月	6.4	4.9
昭和49年7月	6.2	5.2
昭和52年7月	11.3	6.3
昭和55年6月	7.1	6.3
昭和58年6月	7.9	7.9
昭和61年7月	12.8	7.9
平成元年7月	21.8	17.5
平成4年7月	19.2	10.3
平成7年7月	21.9	16.7
平成10年7月	23.2	15.9
平成13年7月	27.6	14.9
平成16年7月	20.6	12.4

(備考) 総務省資料より作成.

(内閣府男女共同参画局編『男女共同参画白書(平成17年版)』より引用)

1 なぜ男女共同参画社会をめざすのか

図表3

第1-1-6図 ● 地方議会における女性議員割合の推移

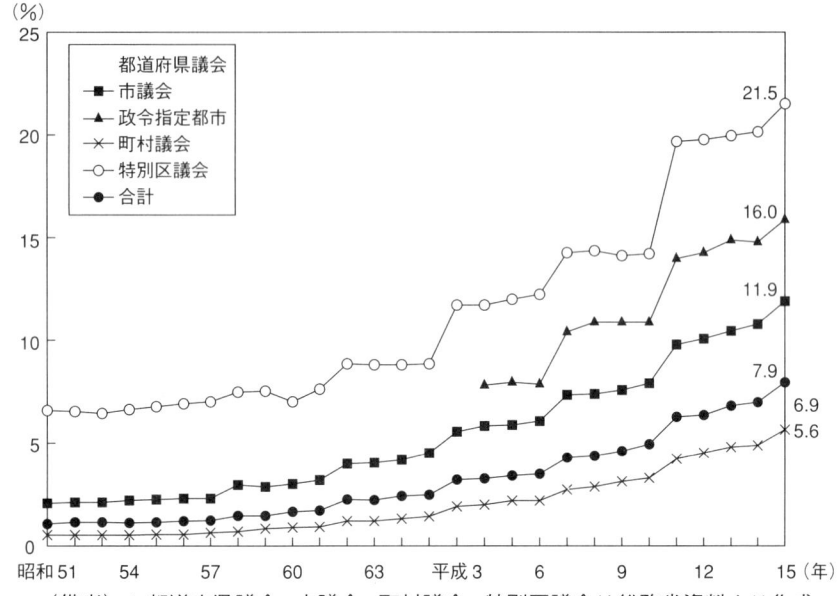

（備考）
1. 都道府県議会，市議会，町村議会，特別区議会は総務省資料より作成．政令指定都市は全国市議会議長会資料により作成．
2. 各年12月現在．
3. 政令指定都市は，札幌市，仙台市，千葉市，横浜市，川崎市，名古屋市，京都市，大阪市，神戸市，広島市，北九州市，福岡市，さいたま市（平成15年以降）

（内閣府男女共同参画局編『男女共同参画白書（平成17年版）』より引用）

でも管理職に属する女性公務員比率はきわめて低く、司法分野でも、女性はほぼ1割程度を占めるに過ぎない（図表4、5、6）。

　1980年代に「山が動いた」時期が1度あり、マドンナ現象と呼ばれて女性議員が躍進したときでさえ、「大根の値段のわかる女性議員」というキャンペーンが張られ、政治の世界に性別役割分業が持ち込まれる傾向があった。行政分野でも女性大臣の担当が、教育や環境、科学技術、厚生労働省などに限られ、しかも少数で、フラ

図表4

第1-1-4図●職務の級別女性国家公務員の割合（行政職（一））

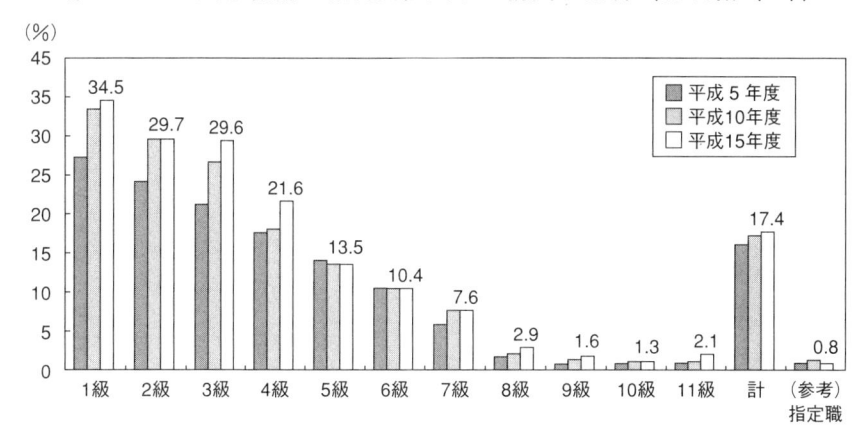

（％）

級	平成5年度	平成10年度	平成15年度
1級			34.5
2級	24.2	29.7	29.6
3級		26.7	
4級	17.5		21.6
5級	14.0		13.5
6級		10.4	10.4
7級	6.0		7.6
8級			2.9
9級			1.6
10級			1.3
11級			2.1
計	16.0		17.4
（参考）指定職			0.8

（備考）人事院「一般職の国家公務員の任用状況調査報告」より作成．
（内閣府男女共同参画局編『男女共同参画白書（平成17年版）』より引用）

図表5

第1-1-8図●地方公務員管理職に占める女性割合の推移

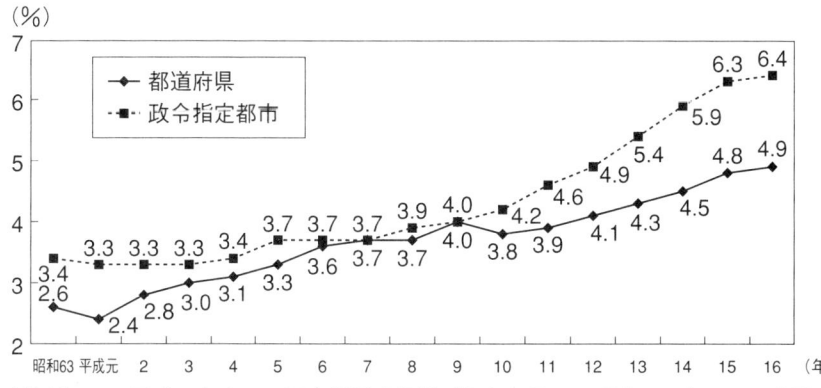

（％）

年	都道府県	政令指定都市
昭和63	2.6	3.4
平成元	2.4	3.3
2	2.8	3.3
3	3.0	3.3
4	3.1	3.4
5	3.3	3.7
6	3.6	3.7
7	3.7	3.7
8	3.7	3.9
9	4.0	4.0
10	3.8	4.2
11	3.9	4.6
12	4.1	4.9
13	4.3	5.4
14	4.5	5.9
15	4.8	6.3
16	4.9	6.4

（備考）1．平成5年までは厚生労働省資料（各年6月1日現在、6年からは内閣府資料（15年までは各年3月31日現在、16年は4月1日現在）より作成。
2．平成15年までは都道府県によっては警察本部を含めていない。

　ンスでシモーヌ・ヴェイユが1970年代から批判したように、「ファム・アリビ」（アリバイとしての女性）として利用される傾向があった。
　最近でも、女性の高学歴化が進み、次第に上昇傾向に

図表6

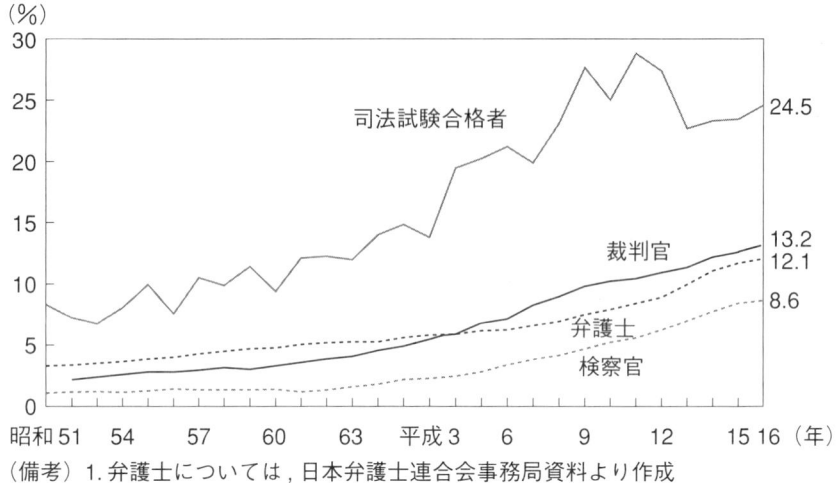

第1-1-10図●司法分野における女性割合の推移

(%)
- 司法試験合格者: 24.5
- 裁判官: 13.2
- 弁護士: 12.1
- 検察官: 8.6

（昭和51～平成16年）

（備考）
1. 弁護士については，日本弁護士連合会事務局資料より作成．
2. 裁判官については最高裁判所資料より作成．
3. 検察官，司法試験合格者については法務省資料より作成．
4. 司法試験合格者は各年度のデータ．

（内閣府男女共同参画局編『男女共同参画白書（平成17年版）』より引用）

　あるとはいえ、女性の政治参画や政策決定過程への進出がきわめて低レヴェルであることは重大な問題である。それには多くの要因があるが、a）日本の戦後政治自体の後進性と民主主義の未成熟、b）戦後政治のもとでの性別役割分業の固定化を指摘しておかなければならない。

　とくに性別役割分業の点は、1960年代からの高度経済成長に伴う女性の労働市場への進出と核家族化によって、日本の経済構造を支える社会全体の分業論を基礎として、性別役割分業の固定化が進んだことによる。女性は、専業主婦という名の無賃労働者として家事労働に縛りつけられ、「男は外、女は内」の社会的分業が女性のフルタイマーとしての職場進出を拒み、税制上の配偶者

控除に枠づけられたパート労働として家事労働との両立を促したにとどまった。さらに、高齢化社会対策としての「在宅福祉」政策等のもとで、育児終了後の女性に老人介護が待ち受けていることが通例になった。日本の高度成長期には「わたし作る人、僕食べる人」というテレビコマーシャルが問題となったが、性別役割分担意識が定着し、企業社会の論理が支配的になった。「あなたは24時間働けますか」などというコマーシャルに象徴されるような男性企業戦士が育成され、その裏面で、家事や育児・介護などのケアを担うのが女性の役割とされることが定着した。

　このような社会全体の性別役割分業の結果、労働場面でも、1985年の男女雇用機会均等法や1991年の育児休業法制定などの取組みにもかかわらず、M字型雇用からなかなか脱却することができず（図表7）、採用から昇進・配転・定年にいたるまで、多くの差別的取り扱いが存在してきた。とくに賃金の面では、正規雇用者の平均賃金の男女差も男性平均を100とした場合の、女性平均賃金は66.8にとどまっている（2003年度の所定内給与額比率。労働省賃金構造基本統計調査）。

　家庭でも、法制面では1947年の民法親族・相続編の全面改訂によって旧来の家制度が廃止され、刑法の姦通罪の規定も削除されて、女性が家父長的支配から脱することが可能となった。しかし、現在でも、冠婚葬祭など慣習の中に旧来の家制度の影響が残存している。夫婦の氏についても、婚姻による女性の改姓率は97.5％であり、民法上夫婦いずれかの氏を選択できる制度にも拘わらず、殆どすべてのカップルで男性の氏を選択している現実がある。

　これらの政治・雇用・家庭の各場面の特徴的数字のな

かにも、男女共同参画社会には、ほど遠い現実が示されている。他方、企業社会全体に性別役割分業が浸透した結果、中高年男性の自殺率の上昇や過労死の増加などの現象も生じている。少子高齢化社会における育児・介護負担の公平化についての要請が高まっているにもかかわらず、現状では、社会全体の性別役割分業を変革することが困難な状況にある。

意識の点でも、家庭内の性別役割分担についての意識改革の進度がおそく、男女の約半数が「夫が外で働き、妻が家庭を守る」という考えに賛成している現状がある（図表8）。さらに、育児・介護休業法の改正等によっても、休業中の給与保障が十分でないために男性の育児休業取得率は皆無に近く、男性にとっても、育児をとおし

図表7

第1-2-1図●女性の年齢階級別労働力率の推移

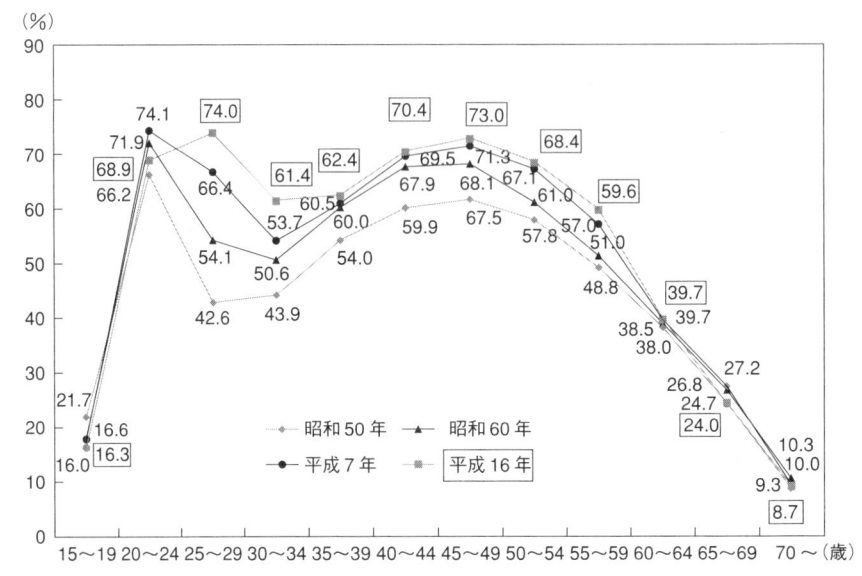

(備考) 総務省「労働力調査」より作成．

(内閣府男女共同参画局編『男女共同参画白書（平成17年版）』より引用）

て人間らしく生活する自由が奪われてきた。

　以上のような現状の中で、男女の法の下の平等（形式的平等のみならず実質的平等）を実現し、さらに、男女が、同等に、積極的に社会に参画することが求められる。単に、女性を不当に差別しない、という差別撤廃から、実際に、女性の人権を保障し、さらに、男女が同等に政策・方針決定過程等にも参画するような男女共同参画社会をめざすことが、世界的に要請されるようになった。

　このような「女性差別撤廃から男女共同参画へ」という展開については、世界と日本の動向とを比較して検討しておく必要があろう。日本の男女共同参画社会基本法や男女共同参画推進政策は、国連を中心とする女性差別撤廃のための取組みと軌を一にし、大きな影響を受けているからである。

図表8
第1-2-12図●夫は外で働き，妻は家庭を守るべきという考え方について

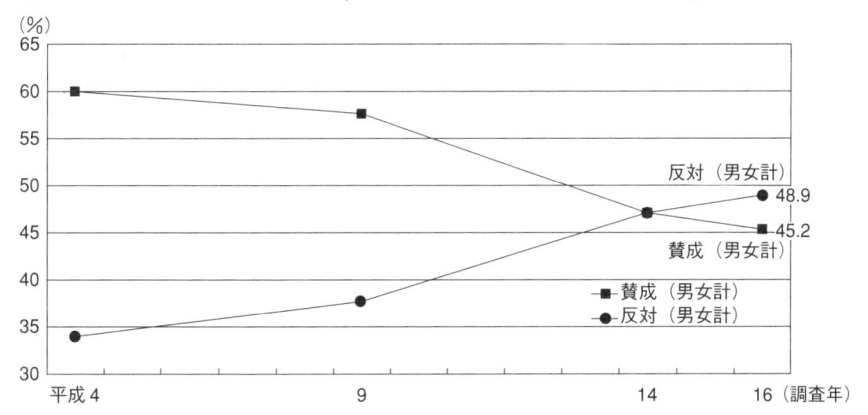

（備考）1. 内閣府「男女共同参画に関する世論調査」より作成．
　　　2. 「賛成」．「反対」の他に「わからない」との回答があるため，合計しても100％にならない．

（内閣府男女共同参画局編『男女共同参画白書（平成17年版）』より引用）

2　男女共同参画社会基本法と世界の動向

1　世界の動向―女性差別撤廃から男女共同参画へ

1　国連における女性差別撤廃の取組み

　最初に、男女共同参画をめぐる世界の動向を概観しておこう（資料①・年表参照）。国連では、1945年10月発効の国連憲章で男女平等と女性の権利保障への決意を示した後、1967年に「女性差別撤廃宣言」を発し、1979年に「女子に対するあらゆる形態の差別撤廃に関する条約（女性差別撤廃条約）」を採択した。前文と30カ条からなる女性差別撤廃条約については、次の3つの意義が指摘される。

　第1に、性差別の本質や性差別撤廃の方策についての広範でかつ厳格な視野にたった「包括的・体系的な」性差別禁止条約となっていることである。①性差別の定義については、「性に基づく区別、排除又は制限であって、政治的、経済的、社会的、文化的、市民的その他のいかなる分野においても、女性（婚姻しているか否かを問わない）が男女の平等を基礎として人権及び基本的自由を認識し、享有し又は行使することを害し又は無効にする効果又は目的を有するものをいう（1条）」として、広範な理解を前提にしている。また、「締約国が男女の事実上の平等を促進することを目的とする暫定的な特別措

置をとることは、この条約に定義する差別と解してはならない」（4条1前段）として、暫定的特別措置を認めている。②次に、性差別撤廃のための措置について「あらゆる形態の差別」が対象とされ、差別の主体が、国や公的機関にとどまらず、個人や団体・企業など社会的権力も含められて私人間の差別にまで拡大され（2条e）、③差別の形態として、法律や規則だけでなく、慣習・慣行をも射程にいれて、法律上の平等のみならず、事実上の平等をめざしていること（同条f）が特筆される。④性差別の根源および差別撤廃の条件についての認識として、「社会及び家庭における男性の伝統的役割を女性の役割とともに変更することが男女の完全な平等の達成に必要であること」（前文14段）として性別役割分担論の克服の課題を明示した。

第2に、単なる男女平等・性差別撤廃という目的をこえて、より具体的に、（男性と平等な条件で）政治的・経済的・社会的活動における諸権利を女性に対して明瞭な形で保障したことである。例えば、労働・教育に関する諸権利、婚姻・家族関係における諸権利について、男性と同等・平等な権利（equal rights with men）だけでなく、男性と同一の権利（same rights）が明示されたことは、女性の権利の歴史的展開からしても重要な意義をもつ。とくに「子の数及び出産の間隔を自由にかつ責任をもって決定する同一の権利」「夫及び妻の同一の個人的権利（姓及び職業を選択する権利を含む）」（16条）などが保障された点や、ファミリー・ネームを選択する権利（right to choose a family name）などを含むことなどが注目される。

さらに、第3に、男女平等の促進と男女の権利の享有の目標を達成するための条件として、前文で、アパルト

ヘイトや植民地主義等の根絶や軍備縮小等、広義の「平和」の必要性が強調され、平和と人権（ないし男女平等、女性の人権）との相互依存関係について、従来の国際文書を超える広い視野にたった認識が示された点があげられる。

　第4に、女性差別撤廃の実効性を担保のための措置として、国家報告制度（締約国から国連への報告義務）(18条)、女性差別撤廃委員会の設置と勧告制度（17・19～22条）が定められた（24条）。反面、個人通報制度などが明確にされなかったことから、実効性を高めるために個人通報制度と調査制度の導入を主要な内容とする選択議定書が1999年10月に国連総会で採択され、2000年12月に発効した。女性差別撤廃条約は、2002年6月現在169カ国という多くの国が締約国となっており、また、選択議定書には、75カ国が署名し、41カ国が批准している。日本は、条約には1980年に署名し、1985年に批准したが、選択議定書については、まだ署名も批准もしていない。

2 世界人権会議等の展開——差別撤廃から「女性の人権」・男女共同参画へ

　国連は、1985年の世界女性会議で「西暦2000年に向けての女性の地位向上のためのナイロビ将来戦略」という詳細な綱領を採択したが、次第に私的領域での女性への暴力など「女性の人権」侵害が問題となった。折しも1993年ウィーンでの世界人権会議が開催されるにあたり、議題に女性の人権問題を加えるように「女性の権利は人権である（Women's rights are human rights）」というスローガンが掲げられた。女性の権利が人権であることは当然であるが、当時これが問題にされた背景には、

ジェンダーに基づく人権侵害をなくすという狙いがあった。念頭にあったのは、今日でも問題になっているドメスティック・ヴァイオレンスやレイプ、戦時下の集団レイプとか、あるいはアフリカにおける割礼の慣習など、性に基づいて女性の身体や人権、人間としての尊厳が侵害されている状況であった。そして6月の世界人権宣言（ウィーン宣言）に「女性の地位及び人権」という項目が設けられた。さらに、このスローガンのもとで、公的・私的生活における女性に対する暴力の撤廃、セクシュアル・ハラスメント、女性の搾取及び売買の根絶、女性にとって有害な伝統的又は因習的な慣行等の根絶等が強調された。こうして同年12月には「女性に対する暴力の撤廃に関する宣言」が採択され、女性に対する暴力が人権侵害であることが再認識された。

ついで1995年9月に北京で開かれた第4回世界女性会議では、女性のエンパワーメントと意思決定過程への完全な参加等が強調され、「北京宣言」と「行動綱領」が採択された。361のパラグラフからなる膨大な「行動綱領」では、「女性と貧困」、「女性と武力紛争」等12の重大問題について戦略目標が示され、このうち「女性の人権」の項には、24項目が当てられた。その内容は、すでに女性差別撤廃条約やウィーン宣言等で明示されたものが殆どであるが、1994年国連人口開発会議（カイロ会議）以降問題となったリプロダクティヴ・ライツ（性と生殖に関する権利）など、今後の女性の人権論にとって重要な意味をもつものも含まれている。ここでは従来の男女差別撤廃（平等）の視点から「女性の人権」確立の視点への転換が明らかにされ、「人権の普遍性」が前提とされていることが特徴的である。さらに、「女性の人権の分析及び見直しを確保するために、ILO条約を含

む他のすべての人権条約及び文書の下での報告書に、ジェンダーの側面を加えること」「ジェンダーに配慮した人権プログラムの開発を奨励すること」など、ジェンダーの視点が強調されたことが注目される。

　その後、ニューヨーク女性2000年会議や、2005年3月の「北京＋10」会議でも、性的指向（セクシュアル・オリエンテーション）やリプロダクティヴ・ライツ/ヘルス等をめぐって、イスラム諸国や一部のカトリック諸国の反対はあったものの、北京綱領の内容が、成果文書に収められた。

　このように、1975年の国連国際女性年メキシコ会議から、ナイロビ会議・北京での第4回世界女性会議を経てニューヨーク女性2000年会議・「北京＋10」会議に至った過程には、NGOの成果を踏まえた理論面の進展――女性差別撤廃から「女性の人権」へ、さらに女性政策・アカウンタビリティーの要求、ジェンダーの視点へ、という視座の転換――が認められる。それは、1993年のウィーン世界人権会議時の「女性の権利は人権である」というスローガンが、北京会議の際には、「女性の人権のための説明責任（Accountability for women's rights）」に変わり、女性の人権のためにアカウンタビリティーを要求しようというムードが強まったことにも示される。ここでは、女性の人権の重要性を強調するだけでなく、政策の次元で女性の人権をどのように保障するかという、説明責任・結果責任を要求する論理に進化していた。さらに、2000年会議の周辺では「女性に対する人権協約の実施（Implementing Human Rights Promises to Women）」が要求され、社会に対して女性が男性と同等に参画すること、政策決定・意思決定に女性が参画することの必要性が強調された。

このような過程には、「差別撤廃（平等）から人権へ」、「人権から政策へ、男女共同参画へ」という展開が認められる。

❷ 男女共同参画社会基本法の制定と国の取組み

1 基本法制定過程と「男女共同参画」の観念

　日本では、1975年の世界行動計画をうけて77年に国内行動計画、87年に新国内行動計画を策定した。さらに95年の北京綱領等を実施するという国際的な要請をうけて、97年に男女雇用機会均等法を改正して雇用面での採用等の差別を禁止した。そして99年には、男女共同参画社会基本法を制定したが、この男女共同参画という語は、91年の国内行動計画改定で「男女共同参画型社会づくり」を目標として以来、男女共同参画審議会答申（男女共同参画ビジョン）から一貫して用いられてきた。その理由には2面があった。1つは、上記の差別撤廃（平等）から人権・参画へ、という世界の理論動向をふまえ、男女が社会の対等な構成員として政策・方針決定過程に参画することが重視されたという側面である。反面、差別禁止や男女平等のような文言（いわゆる平等アレルギー）を避けて受容されやすい表現に抑えるという側面があった。この政略的色彩によって目標が不明確になったことは否定できず、批判が存在したことも事実であろう。

2 男女共同参画社会と男女の人権

　男女共同参画社会について、同基本法は2条で「男女

が、社会の対等な構成員として、自らの意思によって社会のあらゆる分野における活動に参画する機会が確保され、もって男女が均等に政治的、経済的、社会的及び文化的利益を享受することができ、かつ、共に責任を担うべき社会」という定義を明らかにした。このほか、「男女が、互いにその人権を尊重しつつ責任も分かちあい、性別にかかわりなく、その個性と能力を十分に発揮することができる」社会（前文）、「男女の人権が尊重され、かつ、社会経済情勢の変化に対応できる豊かで活力ある社会」（1条）と表現した。抽象的でイメージが掴みにくい印象は否めないが、3～7条の規定によって、男女の人権尊重に基づいて、従来の性に由来する固定観念や偏見を排するというジェンダー・バイアス・フリーの社会の形成がめざされていることが理解できる。（資料②・男女共同参画社会基本法参照）

　そこでは、旧来の女性問題解決・女性の地位向上から、ジェンダー・バイアス・フリーないし「ジェンダーの主流化」へ、というパラダイム転換をうけて、社会の制度・慣行上での固定的役割分業の変革によるジェンダーからの解放がめざされている。

　但し、基本法では、性差別や女性の人権侵害の現状分析が示されてないため、性別役割分業構造の変革など現状克服の方向性が不明瞭になり、普遍主義的・形式的な宣言にとどまった観がある。この点で、後述の埼玉県男女共同参画推進条例では、前文で「性別による固定的な役割分担意識やそれにもとづく社会慣行は依然として根強く、真の男女平等達成には多くの課題が残されている」と現実の問題性を示したことが評価できる。（96頁参照）。また、男女の人権の尊重について、1996年の総理府「男女共同参画2000年プラン」までは、女性の人

権の確保を通じた男女共同参画の実現が目標とされていたが、基本法制定過程ではさらに男女双方の人権尊重を問題とする方針が定められた。

　その背景には、1970年代─80年代に、多くの国で、性差別禁止法や男女平等法が制定されたのに対して、日本では、男女雇用機会均等法以外は、これらの法律制定されなかったという事情がある。いいかえれば、女性差別禁止の視点から出発して、次第に両性の性差を問題とするジェンダーの視点を主流化してきた欧米諸国とくらべて、日本では、いわば「1周遅れ」で、女性政策を超えてすべての分野で男女共同参画をめざすこととなった。「女性の人権」を特に問題にする段階を経ないで、男女双方の人権保障を掲げたことから、基本法1条の「男女の人権の尊重」のように当然過ぎるようにみえる規定となったが、このような「1周遅れ」の状況として捉えれば理解できるであろう。

3 男女共同参画社会の実現手段

　手段についても、諸外国の性差別禁止法等と異なり、日本の基本法では、性差別や平等侵害に対する制裁措置等を明記せず、国と地方公共団体に、男女共同参画社会形成促進に関する施策の総合的策定と実施の責務があることを明示するのにとどめた（8、9条）。それだけに政府の立法・財政措置（11条）や年次報告（12条）、政府と都道府県等の基本計画（14条）の策定等についての監視が重要となる。具体的な措置について、基本法では、国民の理解を深めるための措置や苦情処理・人権救済措置、調査研究、国際協力、地方公共団体および民間団体に対する国の支援（16〜20条）を定めるにすぎないが、地方公共団体の男女共同参画推進条例が多少とも

踏み込んだ規定をおいていることが注目される（78頁以下参照）。

4 基本法後の国の取組み

国は、中央省庁再編に関連して基本法を改正した後、2001年1月以降、内閣府に男女共同参画会議と専門調査会、男女共同参画局を設置して「男女共同参画基本計画」（2000年12月閣議決定）をもとに具体的な施策を実施してきた。

基本法後の成果として、まず、2001年4月に制定・公布され2004年に改正された「配偶者からの暴力の防止及び被害者の保護に関する法律」（DV防止法）がある。男女共同参画会議下に設置された5つの専門調査会のうち、女性に対する暴力に関する専門調査会では、その円滑な施行のための検討を続けてきた。また仕事と子育ての両立支援策に関する専門調査会は、2001年6月に報告書を提出して任務を終了し、その成果が同年11月公布の育児休業・介護休業法等に関する法改正や公務員・裁判官の育児休業等に関する法律制定、2004年12月の法改正につながった。苦情処理・監視専門調査会では、2002年10月に苦情処理及び被害者救済に関するシステムの充実・強化に向けた意見を提出し、影響調査専門調査会では、「ライフスタイルの選択と税制・社会保険制度・雇用システム」に関する報告をまとめた。また基本問題専門調査会では、夫婦別姓問題に関する意見の提出に続いて、女性のチャレンジ支援策を検討し、2003年4月に報告書「女性のチャレンジ支援策について」を公表した。そこでは、意欲と能力のある女性が活躍できる職場づくり（上へのチャレンジ）・新しい分野へのチャレンジ（横へのチャレンジ）等が提案され、ポジティヴ・

アクションの積極的推進と、公契約の入札・補助金交付における男女共同参画推進状況の評価などの新たな方策等が検討課題とされた。

3　地方公共団体の取組みと現状

1　男女共同参画推進条例の制定

　地方自治体の男女共同参画条例制定は、2000年3月以降順調に進み、前述のように、2005年7月現在、都道府県では46、市町村では269を数える（資料③・条例制定状況一覧表参照）。また、男女共同参画推進計画の総数も、都道府県では47、市町村では990になっている（資料④・男女共同参画計画一覧表参照）。

　とくに男女共同参画推進条例については、その多くが埼玉県・東京都など先行の条例を参考に制定されたことが看取できるが、時間の経過とともに次第に内容が進化し、さまざまな特徴が現れてきた（資料⑤・男女共同参画推進条例の特徴に関する比較対照表[3]、資料⑥・主要条例参照）。

　第1に、基本的な理念設定やタイトルに、男女共同参画か、男女平等参画か、という選択の結果が現れた。従来から「男女が平等に参画するまち東京」というスローガンを掲げていた東京都では男女平等参画基本条例というタイトルを掲げ、その用法は、北海道の条例や新潟県

---

[3] 辻村みよ子・稲葉馨編前掲『日本の男女共同参画政策』300頁以下の一覧表参照。本書78頁以下。

(「男女平等社会の形成の推進に関する条例」)でも参考にされた。制定時に議論が分かれていた福島県では「男女平等を実現し男女が個人として尊重される社会を形成するための男女共同参画の推進に関する条例」のように折衷的な表現を採用したが、上記以外の大多数の条例は、基本法にならって「男女共同参画」の語を用いている。長野県では、「長野県男女共同参画社会づくり条例」という特徴的な名称を採用したが、このようなまちづくり条例の先駆としては、全国に先駆けて制定された「男女共同参画による出雲市まちづくり条例」が注目される。そこでは日本社会に残存する家父長制や儒教思想、男尊女卑の性別役割意識や社会慣行について前文で言及し、日本国憲法や女性差別撤廃条約、ILO家族的責任条約批准の趣旨にも言及して、「男女の対等なパートナーシップによる真に心豊かで活力ある21世紀都市・出雲の創造」を目指すなど、意識の高さが示されている。

　第2に、男女の性差や性別役割分業の捉え方にも相違がある。東京都の基本条例については、前文に「男女は互いの違いを認めつつ」という語句が挿入されたことにつき、旧来の機能平等論に陥る危険があることを遺憾に思い、他への影響を危惧していた。果たして、その後2001年6月制定の宮城県条例や2002年3月制定の大阪府条例でも、議会での審議過程で同様の表現が採用された。このうち後者では「男女が、社会の基盤である家庭の重要性を認識し」という語が入れられるなど、保守系有力議員の反対で草案が修正されたことが知られている。これが、いわゆるバックラッシュの始まりであり、その典型は、2002年6月制定の宇部市男女共同参画推進条例に認められる。以後、いくつかの自治体で、男女共同参画に反対する動きが認められているが、多くは、ジ

ェンダー・フリーなどの概念についての誤解が存在しているため、再度男女共同参画の理念と課題を確認しておく必要がある（後述）。

第3に、男女共同参画を推進する根拠規範に関連して、男女共同参画社会基本法だけではなく、国際的文書とくに女性差別撤廃条約に前文等で言及している条例が増えつつある。埼玉県条例が、3条6項で「男女共同参画の推進にむけた取組が国際社会における取組と密接な関係を有していることにかんがみ、男女共同参画の推進は、国際的な協力の下に行われなければならない」と定め、多くの自治体でも国際的協力をうたっている。女性差別撤廃条約に前文等で言及しているものとして、北海道の条例や奈良県条例をはじめ、島根県・栃木県・新潟県・長野県・高知県などがある。政令指定都市では、大阪市、神戸市、さいたま市、札幌市の条例にもこのような前文での言及があり、神戸市の条例では、家族的責任を有する男女労働者の機会及び待遇の均等に関する条約の批准にも言及している。富山県では、地域的特色を活かして、「環日本海における取組を重視しつつ国際的協調の下に行う」との規定も設けている。

そのほか、間接差別、積極的改善措置、事業主に対する規定、リプロダクティヴ・ライツ、ドメスティック・ヴァイオレンス（DV）、苦情処理など、多くの項目で特徴が認められる。そこで、以下では、都道府県と政令指定都市を中心に、男女共同参画推進条例や施策の特徴について概観する。

② 男女共同参画推進条例およびの施策の特徴

　これまでに制定された条例の内容を見れば、次第に議論や施策が詳細になり、一応の水準が定着した観がある。例えば、推進体制や審議会の設置、審議会委員の男女比規定、積極的改善措置の導入、暴力的行為の禁止、苦情処理等については殆どすべての条例が規定をおいている。

　また、施策を実行するための部局（男女共同参画推進課）の創設や、総合的な施設の拡充なども、殆どすべての都道府県、政令指定都市等で実施されている。施設名は、女性総合センターが圧倒的に多数であり、男女共同参画センターも多いが、男女共同参画サロン（岐阜県）、ユニゾンプラザ（新潟県）、男女共生センター（福島県）などもある。

　多くの地方自治体で、かつて婦人会館と称した施設を、女性センター、女性総合センターと改称し、さらに男女共同参画センター、男女共生センターなど、両性の関係に着目した名称に改称しつつある動向がうかがえて興味深い。

　このほか、条例上の特徴的な規定としては、以下のものがある。

　(a) 間接差別については、早期に制定された埼玉県条例が、3条の基本理念の項に、「男女が直接的であるか間接的であるかを問わず性別による差別的取り扱いをうけないこと」を明示した。間接差別とは、男女雇用機会均等法などで、女性のみ、男性のみの募集ができなくなったことから、直接的に性差別にあたるものではなく、

例えば「身長170センチ以上」などという条件をつけて、間接的・実質的に女性を締め出す効果を得るような場合を指す。このような間接差別も差別とみなして禁止することについては、北海道や福島県、岩手県・岡山県・長野県・新潟県・福岡県・愛媛県・札幌市など多くの自治体条例にも基本理念の項目のなかに明示された。反面、間接差別の概念がまだ必ずしも明確ではないため、このような規定の採用についてコンセンサスが得られなかった自治体も多い。

　(b) 積極的改善措置については、これに関する1か条を設けているものとして岡山県（8条）・愛媛県（10条）・福島県（13条）条例等があるが、措置の具体的内容については、基本法と同様、明記してない条例が殆どである。桑名市の条例では、平易な言葉で網羅的な規定をおくなかで、市が委員会等の構成や管理職の登用に際して「積極的格差是正措置をとるようにつとめます」と明示し（4条・10条）、企業等も管理職の登用について同様に「積極的格差是正措置をとるようにつとめます」と定めている（11条）。このほか、男女共同参画審議会以外の審議会についてクォータ制に明示的に言及しているものには、上越市・福間町などがある。上越市条例（13条）では、市の付属機関の、委員等の構成員が「男女同数になるよう配慮しなければならない」としている）、埼玉県・鳥取県でも審議会の委員の構成について「男女の均衡」を表明している。公務員の登用については、熊本県条例が、性別にかかわらず能力に応じ機会均等を確保するよう配慮義務を課している（19条）。

　(c) 事業者に対する規定について、知事が雇用における男女の参画状況について報告を求めるとした東京都（13条）・石川県（12条）・茨城県（17条）・愛媛県（20

条)・大分県（18条）など多くの県・市町村の条例があり、神奈川県条例では、一定規模以上の事業所の事業主に報告を義務付けている（10条）。広島市条例では補助金交付に際して男女共同参画推進の措置を求めることができる旨の規定（17条）を設けているが、実際にはまだその基準作りにいたっていないようである。また、福岡県福間町の「男女がともに歩むまちづくり条例」では、工事契約などの業者登録の場合に報告を求める手法を導入しており（6条3項）、男女共同参画会議基本問題専門調査委員会「女性のチャレンジ支援策について」もこれらに注目している。

　上記のように、条例で事業主の義務を明確に定めたのと異なって、条例には抽象的な努力義務しか明示してないのに対して、実際の施策の点で、特色あるポジティヴ・アクション推進施策をとっている自治体に宮城県がある。内閣府でもこの取り組みに注目していることもあり、後述する。

　(d) 苦情処理・監視について、埼玉県条例が男女共同参画苦情処理委員会を設置して全国の注目を集めた。これに続いて、川崎市の男女平等かわさき条例（7条）のように人権問題全般について人権オンブズパーソン制を設けたところもある。富山県では、男女共同参画推進活動のために男女共同参画推進員をおくことを定めて実施している。

　(e) 団体支援等については、横須賀市の条例が、男女共同参画を行う市民公益活動を支援する規定をおき、鳥取市の条例は、男女共同参画団体に対する財政的支援等に言及している。また、福島県条例は、女性の人材育成や自営業に従事する女性の支援など、具体的な規定をおいている（15条以下）。

(f) 禁止規定の内容については、セクシュアル・ハラスメント、配偶者暴力（ドメスティック・ヴァイオレンス、以下DV）を対象とするものが多い。DV根絶については、基本理念のなかで言及しているものが、青森県・岩手県・岡山県・静岡県・島根県など多数あり、精神的被害についても言及するものも多い。被害者保護まで踏み込んで規定しているものとして、島根県・鳥取県などがある。

　また、日野市の男女平等条例では、第2次被害への配慮や「男性加害者を暴力の連鎖から解き放つための支援」など踏み込んだ規定をおいていることが注目される（9条9号）。

　一般には、DVについてとかく被害者女性のことを念頭に置くが、男性加害者を暴力の連鎖から解き放つことが必要であることも、また事実であろう。殴る男性を正当化する必要がないことはいうまでもないが、日本の男性が企業社会の多大なストレスのなかで過労死に追いやられている状況も無視することはできない。男女共同参画社会は、男性の意識や生活・労働状況の改善がないと、女性の生活も改善されないという前提に立っており、男女ともに人間らしく生活できる社会がめざされているのである。

　(g) 性と生殖に関する健康と権利（リプロダクティヴ・ヘルス／ライツ）については、埼玉県・富山県・静岡県・石川県・大分県・岩手県・日野市などで明記されている。とくに沖縄県等では、生殖についての自己決定権の尊重が明示され、京都府・高知県では、男女双方の意思の尊重が明示されている。これに対して、女性のみについて定めるものとして静岡県や札幌市がある。静岡県条例（6条8項）では、「生む性としての女性が、自ら

の健康の保持及び増進を図ることができるように支援すること」と定められている。

　このように生殖に関する自己決定権などを中核とするリプロダクティヴ・ライツについては、理論的にもまだ明確でない点があり、国際条約でも、個人又はカップルの権利として定義している[4]。国際的にも、女性の妊娠中絶の自己決定権を重視する立場と、宗教的な理由等によって、胎児の利益の方を重視しようとする立場に分けられ、議論が続いている。しかし実際には、女性が自らの身体の自由や生殖に関して自己決定権をもつことが、その自立の出発点であるともいえよう。この点では、女性差別撤廃条約では、子の数や出産間隔を決定することについて、女性が、男性と同等の権利をもっていることが定められており、女性の人権論と男女同権論が同時に認められている。いったんは女性の人権を認めたうえで、少子高齢化社会にあって、いかに出産・育児負担を社会化し、次世代を育成するかを真剣に考え、男女共同参画社会にとってのリプロダクティヴ・ライツ論を構築してゆかなければならないだろう。

　(h) 公衆に表示する情報について、何人も、性別による固定的な役割分担や女性への暴力を助長・連想させる過度な性的表現をしないよう配慮ないし努力すべきことが、埼玉県・宮城県・熊本県・愛知県・和歌山県・島根県・愛媛県・長崎県・福島県条例などで明文化された。これは、レイプなど女性への性暴力のほか、性別による固定的な役割分担を助長、連想させるような過度な性的表現をしないように配慮しなければいけないという規定である。ここでは禁止規定でなく努力義務になって

---

[4] 前掲拙著『ジェンダーと法』第10章参照。

いるので問題はないが、アメリカやカナダ等で制定され、アメリカでは合衆国最高裁判所で憲法違反と判断されたポルノ規制条例とも関係をもっている。性的表現も日本国憲法21条で保障された人権であり、法的制限については憲法違反になるおそれを考慮しておかなければならないからである。アメリカでは、代表的なフェミニスト法律家であるキャサリン・マッキノンなど、ポルノグラフィーを女性に対する性支配の象徴とみるフェミニズムの論理と、表現の自由を強調するリベラリズムの論理とがはげしく対立した。ドメスティック・ヴァイオレンスに対する国家の過度な介入がリベラリズムの立場から忌避されるのと同様に、表現活動の制約についても、理論的課題が残っていることを忘れてはならないだろう。

　さて、以上に概観した全国の多くの条例は、実に豊かな内容をもっている。これらの特徴ある諸規定の多くは、埼玉県などの先進的な条例を参照にしつつも、地域の市民運動や北京JACなどのNGO／NPOの運動の成果、あるいはパブリック・コメントの結果をふまえて盛り込まれた規定であり、とくに市町村の条例に個性豊かで先進的内容のものが多い。このように、それぞれの地域の特徴に即した条例を市民の力で「手づくりで」制定する経験を積み重ねてきたことは、日本の津々浦々に男女共同参画推進の精神を根付かせ、コンセンサスを確立するために重要な意味をもったといえる。とくに、全国の地方自治体に先んじて「男女共同参画による出雲市まちづくり条例」を制定した出雲市や、平易な言葉で「桑名市の男女平等をすすめるための条例」という特徴ある条例を制定した桑名市など、自治体の問題意識の高さや

草の根民主主義の成熟を感じさせる条例が注目され、今後も多くの自治体で男女共同参画条例による取組みが進むことが期待される。

4　自治体の男女共同参画政策の諸課題

1　男女共同参画の観念をめぐる問題

1　条例制定時の論議

　これまでみたように、全国の自治体の男女共同参画推進条例は質量ともに進化を遂げつつあるようにみえる。同時に、一部では、いわゆるバックラッシュの影響が強まりつつまることも事実であろう。最近の条例のなかにも、2002年以降、その影響がうかがえるものが出現し始めた。例えば、宇部市男女共同参画推進条例がある。宇部市は、1998年6月に中国地方で初めて男女共同参画宣言都市となり、2002年1月に男女共同参画推進審議会の答申が出されたが、その後、市の責務等の「責務」の語をすべて「役割」に変更し、禁止規定を努力義務規定にしたほか、基本理念に抜本的修正を加えた条例案が可決された。その3条1号では「男女が、男らしさ女らしさを一方的に否定することなく男女の特性を認め合い」という文言を加えて性差を強調し、同2号では「性別による固定的な役割分担意識に基づく社会における制度又は慣行が、……男女の活動の自由な選択を阻害しないよう配慮に努める」と定めて性別役割分業変革の趣旨を弱め、同3号では「家庭尊重の精神」を強調し、同4号では「専業主婦を否定することなく、現実に家庭を支えて

いる主婦を……支援するよう配慮に努める」などの文言を挿入した。

　この条例は、男女共同参画社会基本法に含まれる積極的改善措置に関する規定をもたないだけでなく、多くの点で基本法の精神を後退させるものである。にもかかわらず、この条例を「画期的」「模範的」と評価する一部の言論のなかに、日本の伝統と文化の尊重の名のもとに旧来の性別役割分業や家父長制的な構造を一層固定化し、基本法の精神を否定する政治的意図や運動があることを無視することはできない。

　都道府県のなかで、ただ1県だけ条例が制定されていない千葉県の場合も事情はほぼ同じであったようである。堂本知事のもとで念入りに準備されてきた条例案が2002年10月に継続審議となり、入札資格に男女共同参画促進度を考慮する規定や家族経営協定に関する規定が削除された。修正の要望書が千葉県神社庁や日本会議千葉などから届けられていたと報じられたことにも、男女共同参画問題が、いわば草の根保守主義の土壌で政争の具になりつつあることがうかがえて、憂慮される[5]。

2 男女共同参画とジェンダーの観念

　以上のような傾向の背景には、男女共同参画社会基本法制定後にも必ずしも明確になっていない点が多いという事情がある。最も基本的な論点は、男女共同参画の観念とジェンダーの関係である。この点は、基本法制定時に、めざすべき社会がジェンダー・フリーの語を用いて説明されたことについて誤解や曲解が生じ、上記のよう

---

[5] 朝日新聞2002年10月22日朝刊コラム（早野透「男女共同参画バックラッシュ」）参照。

なバックラッシュの攻撃対象となって国会審議でもとりあげられた。しかし、男女共同参画社会においては、批判者が指摘するように「性差自体を否定する」ことが目標なのではなく、生物学的性別（セックス）と区別された、文化的・社会的性別（ジェンダー）に基づく性差別を否定しようとしているにすぎない（この意味では、すでに指摘したように、ジェンダー・バイアス・フリーという表現のほうが適切であったといえる）。ただ、そのジェンダーの観念は、これまで文化的・伝統的に男性支配型社会に適合する形で形成されてきたため、今後、ジェンダーに基づく性差別をなくすためには、いったんは旧来のジェンダー観（男らしさ、女らしさの固定観念など）を離れて、男女をともに個人として尊重する見方が求められているのである。したがって、宇部市議会や千葉県議会で論じられたように「性別にかかわりなくという文言は性差を否定するもので、ジェンダー・フリーの過激思想に基づくもの」であるという理解は妥当でない。

　さらに、男女平等の観念についても、多くの理論的問題が存在している。現在の憲法学通説・判例では、憲法14条が保障する平等とは、絶対的平等ではなく相対的平等であるため、男女の性差にもとづく合理的な別異取扱いは許容される。したがって東京都や宇部市の条例のように「男女が互いの違いを認め」等の文言によって「男性と女性は違う」ことを強調する議論は、性差を理由とする差別的取扱いを正当化することにつながるおそれがあるため警戒が必要となる。ここでは、問題は、その性差が、身体的・生物学的なものか、文化的・社会的なものか、にある。憲法学上の違憲審査基準論では、前者の生物学的性差に基づく別異取扱いである場合は合憲

性が推定されるとしても、後者の文化的・社会的性差（ジェンダー）に基づく固定的観念やステレオタイプ（すなわち男らしさ、女らしさの固定観念や偏見）、あるいは固定的な性別役割分業観念に基づく場合は違憲の推定が働くことになり、合理性の立証ができない限り違憲となると考えられている。もっとも、現行民法でも、女性にのみ、6か月間の再婚禁止期間を課す733条の規定のように、生物学的性差に由来する別異取扱であると解されてきた規定のなかにも、婚姻の自由や再婚の自由の過度な制約として違憲の疑いが強い規定も存在しているようである[6]。

　表面的には身体的性差に由来する合理的区別であると見える場合でも、実際には、性別役割分業やステレオタイプに依拠した先入観（ジェンダー・バイアス）が入り込んでいることが多い。そこで、雇用等に際しても、真に（身体的）能力差ではなく、家事・育児等の性役割や固定観念・偏見が入り込んでいないかを、厳格に審査されなければならないのである。男女共同参画社会基本法（Gender Equality Law）がめざした社会とは、このような意味での性差別のない、男女平等社会なのである。

　ではどうして、端的に男女平等法や性差別禁止法にしなかったのか、という問いが再びたち現れる。この点はすでに指摘したが、男女共同参画基本法にした理由には積極・消極の二重の意味があった。積極的には、女性差別撤廃条約以降、差別撤廃から女性の人権・参画へという国連等の理論動向をふまえて男女の共同参画をめざしたことに21世紀的な意味を見出すことができる。但し、

---

[6] 憲法違反が疑われる規定は、ほかにも存在する。民法733条などにつき、前掲拙著『ジェンダーと法』第5章参照。

他国のように性差別禁止法制定の経験をもたない日本では、差別撤廃の趣旨を徹底させつつ、1足飛びに男女共同参画の理念を定着させるという難しい対応を迫られることになった。このことは、消極的意味、すなわち、男女平等法などに伴う「平等アレルギー」を避けて受容されやすい共同参画の用法を用いるという合目的的な配慮とあいまって、いっそう男女共同参画の観念をあいまいにすることになった。昨今の批判論者も、おそらくは男女平等法でも性差別禁止法でもない男女共同参画社会基本法が、旧来の性別役割分業や「女らしさ・男らしさ」に執着する事業主等に対する一定の強制が含まれることを知って、反対の烽火をあげたものと推察できる。

　実際、積極的改善措置を明記した男女共同参画社会基本法や諸条例が、男女の形式的平等を超えて一定限度で実質的平等実現のための特別措置を容認しうるものであることは重大な意味をもっている。今後はそのことを十分理解した上で、男女共同参画社会の訳語としてのジェンダー・イコール・ソサエティの実現という目標に対して、社会全体のコンセンサスを形成していかなければならない。

2 ポジティヴ・アクションをめぐる課題[7]

1 ポジティヴ・アクションの観念と用法

　男女共同参画社会基本法では、第2条2号で、「前号に

---

[7] 詳細は、辻村みよ子編『世界のポジティヴ・アクションと男女共同参画』(ジェンダー法・政策研究叢書第1巻、東北大学出版会, 2004年) 参照。

規定する機会（男女共同参画の機会——筆者）に係る男女間の格差を改善するために必要な範囲内において、男女のいずれか一方に対し、当該機会を積極的に提供することをいう」と定義した上で、第8条以下に明記する国などの施策には「積極的改善措置を含む」と定めた。また男女共同参画基本計画では、「積極的改善措置（ポジティブ・アクション）」のように、括弧書きでポジティヴ・アクション（以下、PA）の語が多用されている。

　このPAの観念は、日本では積極的格差（差別）是正措置とも訳されるが、すでに国際機関やヨーロッパ諸国で通用している観念であり、アメリカ等のアファーマティヴ・アクション（以下、AA）と同義に捉えられる。日本では1997年の男女雇用機会均等法（以下、均等法）改正時以降、AAでなくPAが用いられた。その理由は国連等の国際機関がAAでなくPAを用いたこと等であると考えられるが、アメリカで問題になってきた優先処遇や逆差別などの厳格・強度な格差是正措置ではなく、より緩やかなヨーロッパ型の措置が志向されたという理解があるようであり、検討の余地がある。

　すなわち、AAもPAもともに、本来は、過去の社会的・構造的差別によって不利益を被っている集団（女性ないし人種的マイノリティー）に属する者に対して一定の範囲で特別の機会を導入すること等によって実質的平等を実現するための暫定的な措置を意味するのであり、いずれも、女性差別撤廃条約第4条が許容した「男女間の事実上の平等を促進することを目的とする暫定的な特別措置」であることにかわりはない。それを女性のみに対する優遇措置（男性に対する逆差別）と解することが誤解であるとしても、いずれか一方の性に対する特別措置である以上、もう一方の性に属する個人の権利侵害や

逆差別との関係でその限界が問題になりうるものであることを直視する必要があろう。

2 ポジティヴ・アクションの諸形態と限界

　ポジティヴ・アクションないしアファーマティヴ・アクションの形態は多様であり、下記の①〜⑤のような分類が可能である。

　①根拠規定について、a国際協約・勧告・指令など、b憲法、c法律、d行政命令、e政党規則、fその他の規範（内規等）、g事実上のもの、

　②実施形態について、a宣言、b法律上の制度、c政策綱領、d規則・内規、eその他、

　③強制の有無について、a（法律等で）強制力を認められたもの、b強制ではなく自発的なもの、

　④局面・分野について、a政治参画（議員・閣僚等）、b公務（公務就任、昇進、審議会委員等）、c雇用（採用、昇進・昇格、公契約・補助金等）、d教育・学術（入学・進学、教員任用、研究費支給、学会役員等）、e社会保障・生活保護・家族生活（リプロダクティヴ・ライツ、育児・ケア、税制など）、fその他に区別できる。

　⑤措置の態様・内容については、諸国でさまざまな形態があるが、概ね次の3タイプに区別できる。（ⅰ）厳格なPA／AAとしてのクォータ制・パリテ（交互名簿方式、ツイン方式、別立て割当制など）、（ⅱ）中庸なPA／AAとしてのタイム・ゴールまたはゴール・アンド・タイムテーブル方式（time-goals、目標値設定方式）、プラス要素方式（plus-factorとしてジェンダーを重視する制度）等、（ⅲ）穏健なPA／AAとしての、両立支援・生活保護などの支援策、環境整備などである（但し、いずれも法的強制の有無等によって、厳格度に

幅が生じる)。

　上記のうち、日本の企業等でも奨励されている（ⅲ）の穏健な措置については殆ど法的には問題がない。これに対して、入学試験時の優遇措置や公契約の補助金支出などがアメリカで訴訟になったほか、（ⅰ）のクォータ制のうち、法律よる強制型についてはフランス・イタリア・スイスでは違憲判決も出されていて法的にも問題がある。

　このほか、一般的な問題点としては、①逆差別になる危険、②ガラスの天井の問題、③（劣勢の）スティグマの問題などが指摘される。とくに、ポジティヴ・アクションを女性や黒人等の差別解消のために用いる場合は、男性や白人にとっての不利益を伴う点から、逆差別や形式的平等違反が問題とされる。しかし、実質的平等を達成する目標や、ポジティヴ・アクションが一時的な暫定措置であることなどから、一般にはその採用自体は承認される傾向にあるが、問題は、その手法との関係である。例えば、性別をプラスファクターとして、過少代表である性（現在では女性）に属する者に対して優遇措置をとる場合には、能力が同等の場合に自動的に女性を優遇するのではなく、個別の諸条件が考慮されるべきことが求められる。また、比較的穏健なゴール・アンド・タイムテーブル方式については、30％などの目標がかえってガラスの天井になるという問題点も指摘される。性別の要素を問題としないセックス・ブラインドな政策を標榜しつつ、他方で、一方の性を特別に扱うことによって、かえって、その性に劣勢の烙印を押すことになるという、スティグマの問題も説得的な理由であるようにみえるが、これらのポジティヴ・アクションの必要性・即効性、さらにこれが暫定的な特別措置にすぎない点を重

視することで正当化が可能となると思われる。

3 ポジティヴ・アクションの適用範囲と自治体の課題

①公務分野

　男女共同参画基本計画では政策・方針決定過程における女性の参画拡大について、ポジティヴ・アクションが課題とされている。もっとも、具体的な措置は殆ど示されておらず、数値目標も、国の審議会委員等については、2005年度末までのできるだけ早い時期に女性を30％にすることなどの目標に言及されるにとどまっている。

　国家公務員の場合も、上位の役職の女性比率が極めて低い（指定職0.4％）ことから、人事院の「女性国家公務員の採用・登用の拡大に関する指針」が2001年5月に策定され、6月に男女共同参画推進本部で決定された。現在は、全府省31機関で2005年度末までの目標を設定した計画を策定して取り組むことがめざされている。

　地方自治体では、すでにみたように、審議会メンバーの構成についてクォータ制（割当制）をとっているところが多いが、地方公務員の登用について、条例で明示しているものは少ない。なかでも、桑名市の条例では、市が委員会等の構成や管理職の登用に際して「積極的格差是正措置をとるようにつとめます」と明示していることはすでにみた。これも努力義務に過ぎないため、効果は不明であるが、自治体が明確な方針を持って、少なくとも、タイム・アンド・ゴール方式で、目標数値を定めることからスタートすることが望まれる。とくに地方公務員管理職における女性比率が極めて低い（2004年度の

管理職女性比率は、都道府県4.8％、政令指定都市6.3％にすぎない）ことからすれば、管理職登用のためのポジティヴ・アクションも必要となろう（資料⑦、⑧、⑨参照）。

なお、ドイツでは、殆どの州で公務員のジェンダー・バランスについて法律で規定しており、当該部署・職場において、過少代表にある性に属するものを優先的に採用するなどのクォータ制を導入している。これに関しては、逆差別として、EUの男女雇用均等指令に反するかどうかの訴えが提起され、欧州司法裁判所の判例が蓄積されている[8]。それによれば、過少代表にある性（女性）であることを理由に、自動的に優遇措置をとることは認められないが、個別事情を考慮した上で、裁量の範囲内で、ジェンダー・バランスを確保するための積極的改善措置をとることは認められることになろう。

日本でも、内閣府の「ポジティブ・アクション研究会」等で検討されてきたが、とくに国家公務員任用については、国家公務員法（33条）上の「能力主義」・「成績主義」（メリット・システム）、さらに国家公務員試験Ⅰ種試験合格者を優遇するキャリア・システムとの関係で、ポジティヴ・アクション採用の課題が残っている[9]。地方公務員の場合も地方公務員法（15条）の定めにより「能力主義」・「成績主義」（メリット・システム）がとられている点はこれと共通するが、任命権者および人

---

[8] ドイツの公務員雇用面でのポジティヴ・アクションについては、齋藤純子「ドイツの公務部門におけるポジティヴ・アクション」辻村編前掲『世界のポジティヴ・アクションと男女共同参画』209頁以下参照。

[9] 稲葉馨「男女共同参画政策と公務分野におけるポジティヴ・アクション」辻村・稲葉前掲編書『日本の男女共同参画政策』33頁以下参照。

事委員会・公平委員会等の権限および所掌事項として、任用・昇進等におけるジェンダー・バランスの問題を重視することはもとより可能であり、国の「女性国家公務員の採用・登用の拡大に関する指針」に準じるか、もしくはこれを超える方針の策定によって、積極的な取組みが期待される。

②政治分野

政治参画分野での男女共同参画は日本でもっとも取組みが遅れている。国会議員だけでなく、地方議会における女性議員率も低調であり（2003年度には特別区21.5％、政令指定都市16.0％、市11.9％、都道府県6.9％、町村5.5％、合計7.9％にすぎない）、選挙をふくむ政策決定へのポジティヴ・アクションの導入が緊急の課題である（12ページの図表3、資料⑩、⑪参照）。

とくに最近では、欧米先進諸国だけでなくアジア・アフリカの途上国でのクォータ制導入傾向が著しいため、まず国レヴェルにおける諸国の動向をみておこう。ポジティヴ・アクションの類型の分類では厳格な（ⅰ）類型に属するクォータ制も、A）憲法改正（及び法律）による強制、B）法律による強制、C）政党による自発的クォータ制という3つのグループに分類できる。

A）には憲法改正（及び法律）によって強制的クォータ制やパリテ（男女同数制）を採用したインド・フランスなどがある。インドは、1993年の第74回憲法改正により、地方議会33％の議席を女性に割当てた（243条T）が、これは旧カースト制による身分差別是正の特別措置を性別にも適用したもので他国とは事情が異なる。フランスは、地方議会選挙の25％クォータ制を憲法違反とする憲法院判決（1982年）があったことから憲法

改正（1999年）が余儀なくされ、公職における男女平等参画促進のためのパリテ法が2000年に制定された。ここでは、（ア）比例代表（1回投票）制選挙（上院議員選挙等）では候補者名簿の順位を男女交互にする、（イ）比例代表（2回投票）制選挙（人口3500人以上の市町村議会議員選挙等）では名簿登載順6人毎に男女同数とする、（ウ）小選挙区制選挙（下院議員選挙等）では、候補者数の男女差が2％を超えた政党・政治団体への公的助成金を減額すること等を定めた。この結果、（イ）の2001年3月市町村議会選挙では女性議員率が25.7％から47.5％に、（ア）の2001年9月上院議員選挙では6.9％から21.6％（3分の1改選のため全議席では10．9％）に増えた。しかし、（ウ）の2002月6月下院選挙では、主要政党が女性候補者擁立に消極的で、女性候補者率38.9％、女性議員率は12.3％（10.9％から微増）にとどまり、小選挙区制におけるパリテ原則実施手段の困難性が示された[10]。

　B)の法律による強制的クォータ制は、割当対象について国会議員と地方議会議員、また議席と候補者に区別される。議席の割当（リザーブ方式）には、バングラデシュ（地方議会議席30％）、パキスタン（地方議会議席33％）、タンザニア（国会議席20％、地方議会議席25％）などがあり、候補者の割当には、韓国（比例代表選挙の政党候補者名簿50％）、アルゼンチン（国会議員候補者30％）、ベルギー（国会議員選挙の政党候補者名簿33％）、ブラジル（国会議員選挙の政党候補者名簿20％）などがある。ここではとくに韓国の50％クォー

---

[10] パリテ法の展開につき、前掲辻村編書117頁以下の糠塚康江論文参照。

タ制導入が注目される。韓国では女性部（省）への昇格（2001年）、女性発展基本法（1995年制定）改正など積極的施策を実施してきた。2000年2月に地方議会選挙の候補者名簿について30％クォータ制、2002年3月に50％クォータ制を導入したのち、2004年3月12日に政党法31条4項を改正して、「政党は、比例代表全国選挙区国会議員選挙候補者中100分の50以上は女性を推薦しなければならない」と定め、国会議員の比例代表選挙に50％クォータ制を実現した。その結果2004年4月14日の総選挙では、比例代表選挙区について57名中29名の女性議員が選出され、小選挙区選挙でも10名が選出されて299名中計39名の女性議員が当選し、5.9％（2003年10月現在の世界140カ位）から13％（世界80位）に達した（資料⑮参照）。日本よりはるかに改革のスピードが速く、しかも、成果が顕著であって、女性議員比率など、一挙に136位の日本を凌いでしまった。

　ところで、このような法律の強制によるクォータ制は、選挙法・政党法など法改正を前提とするため、地方自治体内で実施することはできない。さらに、このような強制的措置には憲法違反（男性候補者の立候補権侵害など）の疑いも完全に否定することができない。これに対して、次の、政党内規による自発的クォータ制は、国政はもとより地方政治にとっても可能であり、さらに憲法違反等の問題もないと思われるため、今後、日本でも導入されることが期待される。

　C）政党内規による自発的クォータ制

　政党による自発的クォータ制（Political Party Quotas）は、北欧諸国・ドイツ・南アフリカ共和国など多くの国で採用されている。とくにスウェーデンでは、1970年代から名簿式比例代表制選挙の女性候補者の割合を40

〜50％にする目標が政党内で定められ、男女交互の名簿搭載方法により、女性議員率が40％を超えてきた[11]。南アフリカ共和国では、与党ANCの候補者リストの30％を女性にする政党内の自発的クォータ制の導入によって、下院で29.8％の女性議員（1994年に世界141位が、2003年10月には第15位）になっている[12]。

　これらの諸国では、地方選挙においても同様の自発的クォータ制が採用されており、日本にとっても参考になる。例えば、ドイツでも、社民党などで33％クォータ制、緑の党では交互名簿方式によって50％クォータ制が採用されている[13]。

　このようなクォータ制以外にも、小選挙区制を採用しているイギリスで、労働党主導で種々の積極的措置（女性単独候補者制 all women shortlist、ツイン方式 twinning 等）がとられていることも参考になる[14]。また、イギリスの政府機関リポートで明らかにされている政治分野の男女共同参画促進手段は、日本の国会のみならず、地方議会に導入することが可能なものであり、今後、日

---

[11] 2004年10月の現在の世界178ヵ国の調査ではルワンダ48.8％、スウェーデン45.3％、デンマーク38.0と続いている（IPU調査）。市川房枝記念会『女性展望』2005年1月号14－15頁、前掲拙著『ジェンダーと法』105―106頁、本書資料⑮参照。

[12] 南アフリカ共和国等の情況につき、前掲辻村編書341頁以下の土佐弘之論文参照。

[13] ドイツのクォータ制につき前掲辻村編書『世界のポジティヴ・アクションと男女共同参画』209・239頁以下参照。

[14] イギリスでは1997年に女性議員を60名から120名に増やし、2001年には118名（17.9％）になった。1996年に女性候補者優遇措置が性差別禁止法に反するとの判決が下されたことから、2003年2月26日に性差別禁止法が改正され、公職の候補者に関する積極的差別是正措置が例外として許容されることが明示された。前掲辻村編書『世界のポジティヴ・アクションと男女共同参画』267頁以下参照。

本でも検討が急務となろう。それは、議員の勤務時間の短縮（9時―17時制）、議会内の保育園設置、政党による女性研修、女性候補者への財政援助、立候補者選定過程での性差別撤廃とそのための研修の実施などである[15]。

ちなみに、日本の女性議員が少ない事情として、金権選挙や3バン（カバン、地盤、看板）政治の実情がある。これについて、例えばスウェーデンでは、実は政治家の地位や報酬もあまり高くないため、世襲議員のように、代々続けて代議士の地位を維持しなければならない状況でない。もし日本の国会議員の歳費が下がると女性議員が増えるだろうという指摘が興味深い[16]。すでに概観した性別役割分業等の理由に加えて、このような政治風土の違いも今後検討に値しよう。人口の少ないスウェーデンでは、国会議員になることは、日本で言えば自治体の議員になるような問題でもあり、政治が身近にあるということであろうが、ここにも歴史的に形成されてきた「民主主義の成熟度」が示されているといえよう。

③雇用分野

日本では、基本法に先行した1997年の男女雇用機会均等法改正時にポジティヴ・アクションに関する規定が導入された。改正均等法9条は、「事業主が雇用の分野における男女の均等な機会及び待遇の確保の支障になっている事情を改善することを目的として女性労働者に関して行う措置を講ずることを妨げるものではない」として片面的に女性に対する特別措置を容認したうえで、20条で、この措置を講じ又は講じようとする当該事業主に

---

[15] 同287頁参照。
[16] 早稲田大学岡沢憲芙教授の、内閣府男女共同参画局「ポジティブ・アクション研究会」における指摘。近刊予定の同報告書参照。

対して、国が援助できることを定めた。これをうけて企業の自主的取組のガイドラインが作成され、以後、具体的措置に関する検討と広報活動が展開されている。厚生労働省雇用均等・児童家庭局／都道府県労働局が作成した「Do！ ポジティブ・アクション——男女均等な職場をめざして」や、2002年4月の同省・女性の活躍推進協議会の「ポジティブ・アクションのための提言」では、「男女労働者の間に事実上生じている差の解消を目的として個々の企業が自主的かつ積極的に進める取り組み」として説明し、「女性であるがゆえに優遇する」ことでも、逆差別でもないことを強調している。また、具体的な措置として「女性のみを対象とする又は女性を有利に扱う取組」と「男女両方を対象とする取組」に分け、後者のなかに、働きやすい職場環境の整備や、仕事と家庭の両立支援制度の充実などを含めている。

　このように、非常に緩やかな広義のPA概念を採用し、厳密な意味で一方の性に対する暫定措置といえないものも含めることは、確かに企業や事業主に対する啓発・広報上は有効であると思われる。しかし厳密にいえば、PA・AAが本来、一方の性に対する特別かつ暫定的な措置であることを前提にしたうえでその必要性や意義を社会的に認知する、という方向からすれば、ハードルをあまり下げすぎることで他の領域でのPA導入のために支障が生じることが危惧されよう。とくに、ポジティヴ・アクションを実施するためには男女共同参画社会形成の必要性についての社会全体のコンセンサスが必要となる。

④公契約の入札、補助金支給など

　そのほか、ポジティヴ・アクションが可能な分野とし

て、公契約、補助金支出などがある。地方自治体では、すでに指摘したように、男女共同参画推進条例のなかにこれらを明記しているものもあるが（広島市、福間町など、本書33頁参照）、現実に実施しているところは少ない。宮城県では、条例には記載はないが、実際に行政主導で2004年の重点事業としてポジティヴ・アクション推進事業が始められた。これは、建設工事・建設関連業務・物品調達等の入札登録をしている約8000の事業者に対して、「ポジティブ・アクション・シート」を配布して記載を求め、「女性労働者の能力発揮のための積極的取組状況」を加点事由とするものである。シートに記載する内容は、採用・配置・教育・両立支援等の15項目であり、「登用拡大」「両立支援対策」「女性の活用方針」「セクシュアル・ハラスメント対策」のうち4項目中2項目について肯定的に回答されていれば、最高10点の評点を与えることとしている。工事入札の規模に応じて、総点がＳランク950点からＣランクの549点までと定められているが、そのうちの10点の配分は必ずしも多くはない。しかし、総合点が高いところは大きな額の仕事を受注できるという入札制度の中で、しかも企業の社会的責任論が盛んな今日では、企業のイメージというものが重要な要素となるため、企業にとってはこの10点は無視し得ない。企業に対する重要な評価基準ができるということから、緩やかなポジティヴ・アクション政策であるとしても、その点数の多寡にかかわらず、自治体の評価を得られる点で無視し得ない制度となり、ひいては男女共同参画推進に貢献することにつながると思われる。実際、2005年1月現在の入札参加登録審査を伴う登録申請業者1214社中、加点されたのは127社であるとのことである[17]。

全国の多くの自治体でこのような制度が採用されれば、企業での取組みもいっそう拡大するものと思われる。
　また、横須賀市のように「男女共同参画を行う市民公益活動を支援する」という規定を条例において団体支援をしている例もある。福島県男女共生センターの公募研究事業なども、男女共同参画を推進している自治体であることをアピールする点のみならず、男女共同参加に関する理論的研究を促進しうる点で、大変有効な取組みといえよう。

⑤教育分野

　さらに、ポジティヴ・アクションの適用範囲には、教育・学術分野がある。1990年にドイツ連邦政府と州政府が第2次大学特別プログラムを決定し、女性教員比率の引き上げを重点目標として、女性のための特別の奨学金制度等の取り組みを行っている。スウェーデンでも、1991年男女平等法16条がPAを許容し、93年の大学規則（95年改正）が進出の少ない性に属し十分な資格を有する候補者が教員ポストに就任できるようにするためのPAを認めたことをうけて、各大学でPAが実施されてきた。また、アメリカでは、州立大学の入学試験においてマイノリティーを優遇する措置について合憲性が問題となってきた。
　日本では、学術・教育分野の男女共同参画のための取組みは遅れているが、女性教員を増やしてジェンダー・バランスを確保するための積極的改善措置は不可欠であ

---

[17] 青山桂子「宮城県におけるポジティブ・アクション推進事業について」辻村・稲葉前掲編書『日本の男女共同参画政策』192頁以下参照。

ろう。また、現在問題となっている国立女子大学や、公立の別学制度等についても、きわめて女性比率の低い理工系に女子学生を増加する目的など、ポジティヴ・アクションの適用範囲内と認められるものについては、今後導入の可否を検討する余地があろう。

　しかし、いずれにせよポジティヴ・アクションの導入には、社会全体の十分なコンセンサスが必要であり、即効性のあるクォータ制などの方法よりも、タイム・アンド・ゴール方式や、さらに穏健な、意識改革や環境整備のための研修の徹底、性別役割分業意識の変革のための広報活動、すべての教育機関における人権教育とジェンダー教育の実施など、漢方薬型の地道な対策が不可欠であろう。

③ 自治体の男女共同参画政策におけるその他の課題

　以上のほか、自治体の男女共同参画政策には、たくさんの課題が残っている。

　第1は財政上の問題である。自治体の予算規模の縮小傾向の中で、女性会館、男女共生センターなどの運営はどこも困難をきわめている。東京都なども、経費節減のために、財団法人東京助成財団を解散し、東京ウィメンズプラザを都の直営とした。また、『東京の男女平等参画データ』などの年次報告書の公表が、冊子でなく、インターネット上だけに制限されるなどの影響があった。いずれの自治体も、財政難の中で、どのような政策に重点を置くかに苦心しているが、そのなかで、首長のリーダーシップは重要な意味を待つ。さらに、首長選挙の際のマニフェストのなかに男女共同参画政策を明らかにす

ることが重要であり、先に見た企業の社会的責任論と同様、男女共同参画政策を推進する自治体こそが、21世紀の要請に合致した自治体であることをアピールする傾向が強まることを期待したい。その際に、内閣府男女共同参画局がまとめた男女共同参画予算規模の比較一覧表なども参考になるに違いない（資料⑫参照）。

　第2に、研修体制も重要である。東京都では女性リーダー研修を早くから実施してきたが、今日では、女性のみならず、男性の男女共同参画政策担当者を養成することが課題である。（資料⑬参照）。首長以下、人事権限・政策決定権限を持った管理職職員の意識変革こそが、男女共同参画政策の行方を左右するといっても過言ではないため、今後は、管理職のジェンダー・バランスの確保と、職場におけるジェンダー・バイアスの除去（例えばセクシュアル・ハラスメントの一掃など）に努めなければならない。

　そのほか、民間団体との連携や、苦情処理体制の確立なども重要な課題である。これらについても、資料の一覧表（資料⑭）などによって、自治体の体制を比較検討し、目標を定めることが先決となろう。

おわりに

　これまで男女共同参画を推進するための諸課題について、地方自治体を中心に概観してきた。自治体は、21世紀の重要課題である男女共同参画推進の中心的な担い手であることを明確に自覚して、今後、いっそう積極的に男女共同参画推進政策に取り組むことが期待される。その際に、「自治体は女性政策の最前線[18]」などの言葉に示されるように、まだ、女性政策の段階にとどまって、男女共同参画政策に至ってないところがないかを点検すべきであろう。男女共同参画政策は、単に女性だけのための政策ではない。もちろんセクシュアル・ハラスメントやドメスティック・ヴァイオレンスの被害者が主に女性であるという点では、女性政策であることも事実であるが、今後は、それにとどまることなく、「21世紀のわが国社会の最重要課題」（男女共同参画社会基本法前文）としての男女共同参画社会形成をめざしてゆかなければならない。また、そのほうが男性の理解も得やすいとも思われる。

　現在の日本では、男性も犠牲者・被害者であるような企業社会の環境や、男女ともに子育てを望んでいるにもかかわらず出産・育児に踏み切れないような社会環境・労働環境がある。地域・企業・自治体などで、全体的な両立支援対策を見直し、自治体等で独自にパパ・クォー

---

[18] 例えば広岡守穂・広岡立美『よくわかる自治体の男女共同参画政策』にはこの言葉が使用されている。

タ制(男性職員の有給の育児休業制度)を導入するなど、大いに工夫をこらして、男女共同参画を推進してゆくことが求められる。

　また、政策・方針決定過程における男女共同参画を実現するためにも、自治体や企業等で、導入可能なポジティヴ・アクションを検討しつつ採用することが急務であろう。

　このような、創意工夫を凝らした男女共同参画政策の実践は、政策担当者や自治体関係者、事業主等にとって、こたえられない喜びではないだろうか。

　この小さな書物が、そのための何らかの参考になれば、幸いである。

[主な参考文献]

辻村みよ子『ジェンダーと法』不磨書房（2005年）

辻村みよ子・稲葉馨編『日本の男女共同参画政策』（東北大学21世紀COEプログラム「ジェンダー法・政策研究叢書」第2巻）東北大学出版会（2005年）

辻村みよ子編『世界のポジティヴ・アクションと男女共同参画』（同叢書第1巻）東北大学出版会（2004年）

辻村みよ子「男女共同参画社会基本法後の動向と課題」ジュリスト1237号（2003年）

内閣府編『平成17年版男女共同参画白書』（2005年）、内閣府男女共同参画局ホームページ http://www.gender.go.jp、『共同参画21』ぎょうせい

大沢真理編集代表『21世紀の女性政策と男女共同参画社会基本法（改訂版）』ぎょうせい（2003年）

橋本ヒロ子・広岡守穂「基本法制定後の自治体条例の動向と課題」市川房枝記念会編『女性展望』（2002年7月号）

広岡守穂・広岡立美『よくわかる自治体の男女共同参画政策』学陽書房（2001年）

横山文野『戦後日本の女性政策』勁草書房（2002年）

資料編

資料① 略年表（ジェンダー法関連年表）
（1）諸外国の動き

イギリス		アメリカ	
1215	マグナ・カルタ		
1628	権利の請願	1607	ジェームズタウン建設
1642	清教徒革命（-49）	1617	女性の新大陸上陸
1688	名誉革命（-89）		
1689	権利の章典		
1690	ロック『市民政府論』	1776	独立革命・独立宣言
1790	バーク『フランス革命の省察』		ヴァージニア州人権宣言
1792	ウルストンクラフト『女性の権利の擁護』	1787	合衆国憲法
		1791	合衆国憲法第1-11修正
1832	第1次選挙法改正		
1848	工場法（労働時間制限）	1837	奴隷制反対女性協会
1857	離婚法（裁判離婚承認）	1848	セネカフォールズ大会「女性の所信宣言」
1866	J.S.ミル請願	1864	憲法第13修正（奴隷廃止）
1867	第2次選挙法改正	1868	憲法第14修正
1869	J.S.ミル『女性の隷従』	1869	ワイオミング準州女性選挙権
1870	女性参政権協会	1870	憲法第15修正
1884	第3次選挙法改正	1890	全国アメリカ女性参政権協会
1894	女性の地方選挙権確立		
〔第一次世界大戦1914-1918〕			
1918	第4次選挙法改正、男子普選・30歳以上の女性選挙権	1919	憲法第19修正女性参政権承認
1919	性差別排除法（公職の平等）	1920	憲法第19修正施行
1927	第5次選挙法改正（男女普選）		
1928	男女普通選挙法施行		
〔第二次世界大戦1939-1945〕			
1945	家族手当法	1961	大統領命令10925号（アファーマティヴ・アクション：AA）
		1963	同一賃金法
		1963	フリーダン『新しい女性の創造』
		1964	公民権法第7編（雇用の平等）〔雇用機会均等法と改称〕
		1965	大統領命令11246号（AA）
1967	妊娠中絶法	1967	大統領行政命令
1969	離婚法改正	1972	ERA選択
1970	同一賃金法	1973	連邦最高裁ロウ判決
1975	性差別禁止法（雇用・教育等での差別禁止）・雇用保護法	1977	全米女性会議宣言
		1978	バッキー判決（AA）
1976	家庭内暴力法	1982	ERA批准不成立
1979	サッチャー首相（-1991）	1989	連邦最高裁ウェッブスター判決
1984	同一賃金法改正	1991	公民権法改正
1986	性差別禁止法改正	1992	連邦最高裁ケイシィ判決
1988	教育改革法	1993	家族・医療休暇成立
1989	男女雇用平等法	1994	女性に対する暴力防止法成立
1997	労働党政権	2000	女性に対する暴力防止法改正（強化）
	総選挙で女性議員倍増（60→120名）	2003	連邦最高裁ミシガン大学AA判決
2002	性差別禁止法改正	2003	「部分的出生」中絶禁止法

資料① 略年表（ジェンダー法関連年表）

フランス	その他の諸国
AD6世紀　サリカ法典	BC18世紀頃　ハムラビ法典
1655　ルソー『不平等起源論』	BC 6世紀頃　十二表法（ローマ）
1663　ルソー『エミール』	
1673　プーラン・ドゥ・ラ・バール『両性の平等について』	
1789　フランス革命勃発・人権宣言	
1791　オランプ・ドゥ・グージュ『女性および女性市民の権利宣言』	
1793　女性結社禁止、グージュ処刑	1844　マルクス『ユダヤ人問題』
1795　家庭復帰令	1865　ドイツ女性総同盟結成
1804　ナポレオン法典	1879　ベーベル『婦人論』
1816　離婚の全面禁止	1879　イプセン『人形の家』（ノルウェー）
1848　2月革命・男子普通選挙制	1893　ニュージーランド
1867　女子初等教育制確立	1902　オーストラリア ┐
1881　女性選挙権協会	1906　フィンランド　　├ 女性参政権
1884　裁判離婚制度復活	1913　ノルウェー　　　┘
1901-　女性参政権法案下院通過	1911　エレン・ケイ『恋愛と結婚』（スウェーデン）
1914　女性参政権拡大全国キャンペーン	
〔第一次世界大戦1914-1918〕	
	1917　ロシア革命・女性参政権
1938　夫権の廃止	1919　ワイマール憲法（独）
〔第一次世界大戦1939-1945〕	
1944　女性参政権確立	1950　インド憲法
1945　国民議会選挙	1954　中華人民共和国憲法
1946　第4共制憲法・社会権保障	1971　スイス女性参政権確立
1949　ボーヴォワール『第二の性』	1974　スウェーデン育児休暇法成立
1958　第5共制憲法	1980　中華人民共和国婚姻法（一人っ子政策）
1971　343人宣言（中絶自由化要求）	1983　韓国女性開発院設置
1972　同一賃金法	1984　リヒテンシュタイン女性参政権確立
1973　国籍法改正	1985　韓国第1回女性大会（「女性宣言」）
1975　離婚法改正（協議離婚認）、中絶自由化法	1986　スウェーデン男女雇用平等法成立
1977　育児休暇法	1990　ドイツ胚保護法成立
1981　女性の権利省	1991　スウェーデン機会均等法成立
1983　女性差別撤廃条約批准	1991　ソ連邦崩壊
1983　労働法改正・雇用平等法	1993　インド憲法改正33％クォーター制
1984　育児休業法	1993　ドイツ連邦憲法裁判所中絶判決（違憲）
1985　民法改正・夫婦財産制の平等	1994　ドイツ（第2次）男女同権法成立
1986　女性の権利省、庁に格下げ	1994　第1回東アジア女性フォーラム開催
1991　クレッソン首相（-1992）	1995　韓国女性発展基本法制定
1991　刑法改正（セク・ハラへの刑罰）	1996　第2回東アジア女性フォーラム開催
1994　生命倫理法成立	
1999　パクス（連帯市民契約）法成立	
1999　憲法改正（公職の男女平等参画）	2001　韓国女性省設置
2000　パリテ法成立	2002　韓国地方議員選挙50％・国会議員選挙30％クォーター制導入
2001　上院議員・地方議会議員選挙	
2002　下院議員選挙	2004　韓国国会議員選挙50％クォーター制導入

(2) 国連と日本の動き

国　　連	日　　本
	3世紀前半　邪馬台国・卑弥呼
	6-8世紀　女性天皇の続出
	1603　江戸幕府
	1603　武家諸法度（大名の私婚禁止）
	1649　慶安御触書
	1742　公事方御定書
	1866　福沢諭吉『西洋事情』
	1868　明治維新
	1876　ジブスケ『仏蘭西憲法』
	1874-1884頃　自由民権運動
	1888　植木枝盛『男女平等論』
	1889　大日本帝国憲法
	1890　集会及政社法（女性の政治活動禁止）
	1898　明治民法（身分法）
	1900　治安警察法
	1911　平塚らいてう『青踏』創刊
〔第一次世界大戦1914-1918〕	
1920　国際連盟	1918-19　母性保護論争
	1919　新婦人協会（→婦選運動）
	1925　男子普通選挙制
	1932　大日本国防婦人会
	1937　国家総動員法
〔第二次世界大戦1939-1945〕	
1945　国際連合	1945　女性参政権確立
1948　世界人権宣言	1946　日本国憲法制定
1951　同一価値労働についての男女同一報酬条約（ILO100号）	1947　民法改正、労働基準法制定
1952　女性の政治的権利に関する条約	1955　女性の政治的権利に関する条約批准
1957　既婚女性の国籍に関する条約	1956　売春防止法制定
1958　雇用および職業における差別に関する条約（ILO111号）	1958　人身売買禁止条約加盟
1960　教育における差別禁止に関する条約	1960　高等学校での女子のみ家庭科必修導入
1962　婚姻の合意、最低年齢、婚姻の登録に関する条約	1961　児童扶養手当法制定
1965　家族責任をもつ女性の雇用に関する勧告（ILO123号）	
1966　経済的・社会的・文化的権利に関する国際規約（社会権規約）、市民的・政治的権利に関する国際規約（自由権規約）	1966　婚姻退職制無効判決（東京地裁）
1967　女性差別撤廃宣言	
1975　女性労働者の機会及び待遇の均等に関する宣言	1971　児童手当法制定
	1972　勤労婦人福祉法制定
1975　世界行動計画（メキシコ世界会議）	1975　婦人問題企画推進本部設置
1976　EC男女均等待遇指令	1977　国内行動計画策定
1979　女子に対するあらゆる形態の差別の撤廃に関する条約	1978　労働基準法研究会報告
	1980　女性差別撤廃条約署名

資料① 略年表（ジェンダー法関連年表）

国連	日本
1980 国連婦人の10年後半期行動計画（コペンハーゲン世界会議） 1981 家族責任をもつ男女労働者に関する条約（ILO156号） 1985 女性の地位向上のための将来戦略（ナイロビ世界会議）	1981 国内行動計画後期重点目標策定、定年差別制無効判決（最高裁） 1984 国籍法改正 1985 女性差別撤廃条約批准 1986 男女雇用均等法施行 1986 土井たか子社会党委員長（-91） 1987 西暦2000年に向けての新国内行動計画策定、夫婦間の強姦有罪判決（広島高裁） 1989 参議院選挙・マドンナ旋風 1991 新国内行動計画第1次改定、武蔵野市住民票記載事件判決（東京地裁） 1991 「従軍慰安婦」訴訟提起（東京高裁） 1992 福岡セクハラ訴訟判決（福岡地裁） 1992 育児休業法施行 1993 土井たか子衆議院議長就任
1993 国連世界人権会議（ウィーン） 1993 女性に対する暴力撤廃宣言 1994 世界人口開発会議（カイロ）	1994 子どもの権利条約批准 1994 法務省「婚姻制度等に関する民法改正要綱試案」発表 1994 総理府に男女共同参画審議会設置 1994 政治改革4法成立（小選挙区比例代表並立制導入）
1995 第4回世界女性会議（北京） 1995 欧州司法裁判所カランケ判決 1997 欧州司法裁判所マーシャル判決 1998 国際刑事裁判所規程 1999 女性差別撤廃条約選択議定書採択	1995 ILO156号条約批准 1995 育児休業法一部改正 1995 非嫡出子差別訴訟最高裁決定（合憲） 1995 沖縄少女強姦事件、抗議行動 1996 民法改正要綱成立 1996 男女共同参画審議会ビジョン答申 1997 男女雇用機会均等法・労基法改正（整備法）成立 1999 男女共同参画社会基本法公布 2000 児童虐待防止法、ストーカー規正法公布「男女共同参画基本計画」閣議決定
2000 国連女性2000年会議（ニューヨーク会議） 2000 欧州司法裁判所バデック判決 2003 国連女子差別撤廃委員会日本政府レポートに対する勧告 2004 暫定的特別措置に関する一般的勧告25号	2001 配偶者暴力防止法（DV防止法）公布内閣府男女共同参画局設置 2003 男女協働参画社会の将来像検討委員会報告書 ジェンダー法学会創立 2004 DV防止法改正、育児・介護休業法改正

辻村みよ子『ジェンダーと法』不磨書房（2005）より

67

資料②

男女共同参画社会基本法（平成11年6月23日法律第78号）

改正　平成11年 7 月16日法律第102号
同　　11年12月22日同　第160号

　我が国においては、日本国憲法に個人の尊重と法の下の平等がうたわれ、男女平等の実現に向けた様々な取組が、国際社会における取組とも連動しつつ、着実に進められてきたが、なお一層の努力が必要とされている。
　一方、少子高齢化の進展、国内経済活動の成熟化等我が国の社会経済情勢の急速な変化に対応していく上で、男女が、互いにその人権を尊重しつつ責任も分かち合い、性別にかかわりなく、その個性と能力を十分に発揮することができる男女共同参画社会の実現は、緊要な課題となっている。
　このような状況にかんがみ、男女共同参画社会の実現を21世紀の我が国社会を決定する最重要課題と位置付け、社会のあらゆる分野において、男女共同参画社会の形成の促進に関する施策の推進を図っていくことが重要である。
　ここに、男女共同参画社会の形成についての基本理念を明らかにしてその方向を示し、将来に向かって国、地方公共団体及び国民の男女共同参画社会の形成に関する取組を総合的かつ計画的に推進するため、この法律を制定する。

第1章　総　則

（目的）
第1条　この法律は、男女の人権が尊重され、かつ、社会経済情勢の変化に対応できる豊かで活力ある社会を実現することの緊要性にかんがみ、男女共同参画社会の形成に関し、基本理念を定め、並びに国、地方公共団体及び国民の責務を明らかにするとともに、男女共同参画社会の形成の促進に関する施策の基本となる事項を定めることにより、男女共同参画社会の形成を総合的かつ計画的に推進することを目的とする。
（定義）
第2条　この法律において、次の各号に掲げる用語の意義は、当該各号に定めるところによる。
　　一　男女共同参画社会の形成　男女が、社会の対等な構成員として、自らの意思によって社会のあらゆる分野における活動に参画する機会が確保され、もって男女が均等に政治的、経済的、社会的及び文化的利益を享受することができ、かつ、共に責任を担うべき社会を形成することをいう。
　　二　積極的改善措置　前号に規定する機会に係る男女間の格差を改善するため必要な範囲内において、男女のいずれか一方に対し、当該機会を積極的に提供することをいう。
（男女の人権の尊重）
第3条　男女共同参画社会の形成は、男女の個人としての尊厳が重んぜられること、男女が性別による差別的取扱いを受けないこと、男女が個人として能力を発揮する機会が確保

されることその他の男女の人権が尊重されることを旨として、行われなければならない。
(社会における制度又は慣行についての配慮)
第4条　男女共同参画社会の形成に当たっては、社会における制度又は慣行が、性別による固定的な役割分担等を反映して、男女の社会における活動の選択に対して中立でない影響を及ぼすことにより、男女共同参画社会の形成を阻害する要因となるおそれがあることにかんがみ、社会における制度又は慣行が男女の社会における活動の選択に対して及ぼす影響をできる限り中立なものとするように配慮されなければならない。
(政策等の立案及び決定への共同参画)
第5条　男女共同参画社会の形成は、男女が、社会の対等な構成員として、国若しくは地方公共団体における政策又は民間の団体における方針の立案及び決定に共同して参画する機会が確保されることを旨として、行われなければならない。
(家庭生活における活動と他の活動の両立)
第6条　男女共同参画社会の形成は、家族を構成する男女が、相互の協力と社会の支援の下に、子の養育、家族の介護その他の家庭生活における活動について家族の一員としての役割を円滑に果たし、かつ、当該活動以外の活動を行うことができるようにすることを旨として、行われなければならない。
(国際的協調)
第7条　男女共同参画社会の形成の促進が国際社会における取組と密接な関係を有していることにかんがみ、男女共同参画社会の形成は、国際的協調の下に行われなければならない。
(国の責務)
第8条　国は、第3条から前条までに定める男女共同参画社会の形成についての基本理念(以下「基本理念」という。)にのっとり、男女共同参画社会の形成の促進に関する施策(積極的改善措置を含む。以下同じ。)を総合的に策定し、及び実施する責務を有する。
(地方公共団体の責務)
第9条　地方公共団体は、基本理念にのっとり、男女共同参画社会の形成の促進に関し、国の施策に準じた施策及びその他のその地方公共団体の区域の特性に応じた施策を策定し、及び実施する責務を有する。
(国民の責務)
第10条　国民は、職域、学校、地域、家庭その他の社会のあらゆる分野において、基本理念にのっとり、男女共同参画社会の形成に寄与するように努めなければならない。
(法制上の措置等)
第11条　政府は、男女共同参画社会の形成の促進に関する施策を実施するため必要な法制上又は財政上の措置その他の措置を講じなければならない。
(年次報告等)
第12条　政府は、毎年、国会に、男女共同参画社会の形成の状況及び政府が講じた男女共同参画社会の形成の促進に関する施策についての報告を提出しなければならない。
2　政府は、毎年、前項の報告に係る男女共同参画社会の形成の状況を考慮して講じようとする男女共同参画社会の形成の促進に関する施策を明らかにした文書を作成し、これを国会に提出しなければならない。

第2章　男女共同参画社会の形成の促進に関する基本的施策

（男女共同参画基本計画）
第13条　政府は、男女共同参画社会の形成の促進に関する施策の総合的かつ計画的な推進を図るため、男女共同参画社会の形成の促進に関する基本的な計画（以下「男女共同参画基本計画」という。）を定めなければならない。
2　男女共同参画基本計画は、次に掲げる事項について定めるものとする。
　一　総合的かつ長期的に講ずべき男女共同参画社会の形成の促進に関する施策の大綱
　二　前号に掲げるもののほか、男女共同参画社会の形成の促進に関する施策を総合的かつ計画的に推進するために必要な事項
3　内閣総理大臣は、男女共同参画会議の意見を聴いて、男女共同参画基本計画の案を作成し、閣議の決定を求めなければならない。
4　内閣総理大臣は、前項の規定による閣議の決定があったときは、遅滞なく、男女共同参画基本計画を公表しなければならない。
5　前2項の規定は、男女共同参画基本計画の変更について準用する。

（都道府県男女共同参画計画等）
第14条　都道府県は、男女共同参画基本計画を勘案して、当該都道府県の区域における男女共同参画社会の形成の促進に関する施策についての基本的な計画（以下「都道府県男女共同参画計画」という。）を定めなければならない。
2　都道府県男女共同参画計画は、次に掲げる事項について定めるものとする。
　一　都道府県の区域において総合的かつ長期的に講ずべき男女共同参画社会の形成の促進に関する施策の大綱
　二　前号に掲げるもののほか、都道府県の区域における男女共同参画社会の形成の促進に関する施策を総合的かつ計画的に推進するために必要な事項
3　市町村は、男女共同参画基本計画及び都道府県男女共同参画計画を勘案して、当該市町村の区域における男女共同参画社会の形成の促進に関する施策についての基本的な計画（以下「市町村男女共同参画計画」という。）を定めるように努めなければならない。
4　都道府県又は市町村は、都道府県男女共同参画計画又は市町村男女共同参画計画を定め、又は変更したときは、遅滞なく、これを公表しなければならない。

（施策の策定等に当たっての配慮）
第15条　国及び地方公共団体は、男女共同参画社会の形成に影響を及ぼすと認められる施策を策定し、及び実施するに当たっては、男女共同参画社会の形成に配慮しなければならない。

（国民の理解を深めるための措置）
第16条　国及び地方公共団体は、広報活動等を通じて、基本理念に関する国民の理解を深めるよう適切な措置を講じなければならない。

（苦情の処理等）
第17条　国は、政府が実施する男女共同参画社会の形成の促進に関する施策又は男女共同参画社会の形成に影響を及ぼすと認められる施策についての苦情の処理のために必要な措置及び性別による差別的取扱いその他の男女共同参画社会の形成を阻害する要因によって人権が侵害された場合における被害者の救済を図るために必要な措置を講じなけれ

ばならない。
（調査研究）
第18条　国は、社会における制度又は慣行が男女共同参画社会の形成に及ぼす影響に関する調査研究その他の男女共同参画社会の形成の促進に関する施策の策定に必要な調査研究を推進するように努めるものとする。
（国際的協調のための措置）
第19条　国は、男女共同参画社会の形成を国際的協調の下に促進するため、外国政府又は国際機関との情報の交換その他男女共同参画社会の形成に関する国際的な相互協力の円滑な推進を図るために必要な措置を講ずるように努めるものとする。
（地方公共団体及び民間の団体に対する支援）
第20条　国は、地方公共団体が実施する男女共同参画社会の形成の促進に関する施策及び民間の団体が男女共同参画社会の形成の促進に関して行う活動を支援するため、情報の提供その他の必要な措置を講ずるように努めるものとする。

第3章　男女共同参画会議

（設置）
第21条　内閣府に、男女共同参画会議（以下「会議」という。）を置く。
（所掌事務）
第22条　会議は、次に掲げる事務をつかさどる。
　　一　男女共同参画基本計画に関し、第13条第3項に規定する事項を処理すること。
　　二　前号に掲げるもののほか、内閣総理大臣又は関係各大臣の諮問に応じ、男女共同参画社会の形成の促進に関する基本的な方針、基本的な政策及び重要事項を調査審議すること。
　　三　前2号に規定する事項に関し、調査審議し、必要があると認めるときは、内閣総理大臣及び関係各大臣に対し、意見を述べること。
　　四　政府が実施する男女共同参画社会の形成の促進に関する施策の実施状況を監視し、及び政府の施策が男女共同参画社会の形成に及ぼす影響を調査し、必要があると認めるときは、内閣総理大臣及び関係各大臣に対し、意見を述べること。
（組織）
第23条　会議は、議長及び議員24人以内をもって組織する。
（議長）
第24条　議長は、内閣官房長官をもって充てる。
2　議長は、会務を総理する。
（議員）
第25条　議員は、次に掲げる者をもって充てる。
　　一　内閣官房長官以外の国務大臣のうちから、内閣総理大臣が指定する者
　　二　男女共同参画社会の形成に関し優れた識見を有する者のうちから、内閣総理大臣が任命する者
2　前項第2号の議員の数は、同項に規定する議員の総数の10分の5未満であってはならない。
3　第1項第2号の議員のうち、男女のいずれか一方の議員の数は、同号に規定する議員の

総数の10分の4未満であってはならない。
4　第1項第2号の議員は、非常勤とする。
（議員の任期）
第26条　前条第1項第2号の議員の任期は、2年とする。ただし、補欠の議員の任期は、前任者の残任期間とする。
2　前条第1項第2号の議員は、再任されることができる。
（資料提出の要求等）
第27条　会議は、その所掌事務を遂行するために必要があると認めるときは、関係行政機関の長に対し、監視又は調査に必要な資料その他の資料の提出、意見の開陳、説明その他必要な協力を求めることができる。
2　会議は、その所掌事務を遂行するために特に必要があると認めるときは、前項に規定する者以外の者に対しても、必要な協力を依頼することができる。
（政令への委任）
第28条　この章に定めるもののほか、会議の組織及び議員その他の職員その他会議に関し必要な事項は、政令で定める。

　　附　則（平成11年6月23日法律第78号）　抄

（施行期日）
第1条　この法律は、公布の日から施行する。
（男女共同参画審議会設置法の廃止）
第2条　男女共同参画審議会設置法（平成9年法律第7号）は、廃止する。

　　附　則（平成11年7月16日法律第102号）　抄

（施行期日）
第1条　この法律は、内閣法の一部を改正する法律（平成11年法律第88号）の施行の日から施行する。ただし、次の各号に掲げる規定は、当該各号に定める日から施行する。
　　　（施行の日＝平成13年1月6日）
　　一　略
　　二　附則第10条第1項及び第5項、第14条第3項、第23条、第28条並びに第30条の規定　公布の日
（委員等の任期に関する経過措置）
第28条　この法律の施行の日の前日において次に掲げる従前の審議会その他の機関の会長、委員その他の職員である者（任期の定めのない者を除く。）の任期は、当該会長、委員その他の職員の任期を定めたそれぞれの法律の規定にかかわらず、その日に満了する。
　　一から十まで　略
　　十一　男女共同参画審議会
（別に定める経過措置）
第30条　第2条から前条までに規定するもののほか、この法律の施行に伴い必要となる経過措置は、別に法律で定める。

附　則　（平成11年12月22日法律第160号）　抄

（施行期日）
第1条　この法律（第2条及び第3条を除く。）は、平成13年1月6日から施行する。ただし、次の各号に掲げる規定は、当該各号に定める日から施行する。
　　（以下略）

資料③
男女共同参画に関する条例（都道府県）一覧

都道府県名	名称	可決日	公布日	施行日	制定市区町村数
北海道	北海道男女平等参画推進条例	平成13年3月28日	平成13年3月30日	平成13年4月1日（一部平成13年7月1日、平成13年10月1日）	9
青森県	青森県男女共同参画推進条例	平成13年6月29日	平成13年7月4日	平成13年7月4日	1
岩手県	岩手県男女共同参画推進条例	平成14年10月4日	平成14年10月9日	一部施行平成14年10月9日全部施行平成15年4月1日	5
宮城県	宮城県男女共同参画推進条例	平成13年6月28日	平成13年7月5日	平成13年8月1日	6
秋田県	秋田県男女共同参画推進条例	平成14年3月25日	平成14年3月29日	平成14年4月1日	0
山形県	山形県男女共同参画推進条例	平成14年6月28日	平成14年7月2日	平成14年7月2日	1
福島県	福島県男女平等を実現し男女が個人として尊重される社会を形成するための男女共同参画の推進に関する条例	平成14年3月22日	平成14年3月26日	平成14年4月1日（一部平成14年7月1日）	13
茨城県	茨城県男女共同参画推進条例	平成13年3月23日	平成13年3月28日	平成13年4月1日	11
栃木県	栃木県男女共同参画推進条例	平成14年12月20日	平成14年12月27日	平成15年4月1日	6
群馬県	群馬県男女共同参画推進条例	平成16年3月19日	平成16年3月24日	平成16年4月1日	2
埼玉県	埼玉県男女共同参画推進条例	平成12年3月21日	平成12年3月24日	平成12年4月1日（一部平成12年10月1日）	21
東京都	東京都男女平等参画基本条例	平成12年3月30日	平成12年3月31日	平成12年4月1日	12
神奈川県	神奈川県男女共同参画推進条例	平成14年3月25日	平成14年3月29日	平成14年4月1日（一部平成14年10月1日）	4
新潟県	新潟県男女平等社会の形成の推進に関す	平成14年3月22日	平成14年3月28日	平成14年4月1日（一部平成14年8月1日）	3

	る条例				
富山県	富山県男女共同参画推進条例	平成13年3月23日	平成13年3月26日	平成13年4月1日	10
石川県	石川県男女共同参画推進条例	平成13年10月5日	平成13年10月12日	平成13年10月1日（一部平成14年4月）	7
福井県	福井県男女共同参画推進条例	平成14年10月9日	平成14年10月11日	平成14年11月1日	6
山梨県	山梨県男女共同参画推進条例	平成14年3月20日	平成14年3月28日	平成14年3月28日	12
長野県	長野県男女共同参画社会づくり条例	平成14年12月13日	平成14年12月26日	平成14年12月26日（一部平成15年4月1日）	14
岐阜県	岐阜県男女が平等に人として尊重される男女共同参画社会づくり条例	平成15年10月9日	平成15年10月9日	平成15年11月1日	5
静岡県	静岡県男女共同参画推進条例	平成13年7月10日	平成13年7月24日	平成13年7月24日	5
愛知県	愛知県男女共同参画推進条例	平成14年3月25日	平成14年3月26日	平成14年4月1日	8
三重県	三重県男女共同参画推進条例	平成12年10月10日	平成12年10月13日	平成13年1月1日	6
滋賀県	滋賀県男女共同参画推進条例	平成13年12月20日	平成13年12月27日	平成14年4月1日	2
京都府	京都府男女共同参画推進条例	平成16年3月26日	平成16年3月30日	平成16年4月1日（一部規定は平成16年6月1日）	4
大阪府	大阪府男女共同参画推進条例	平成14年3月22日	平成14年3月29日	平成14年4月1日	6
兵庫県	男女共同参画社会づくり条例	平成14年3月26日	平成14年3月27日	平成14年4月1日（一部平成14年10月1日）	4
奈良県	奈良県男女共同参画推進条例	平成13年6月29日	平成13年7月1日	平成13年7月1日	3
和歌山県	和歌山県男女共同参画推進条例	平成14年3月20日	平成14年3月26日	平成14年4月1日	0
鳥取県	鳥取県男女共同参画推進条例	平成12年12月18日	平成12年12月26日	平成13年4月1日（一部平成13年1月1日）	3

●資料③ 男女共同参画に関する条例

島根県	島根県男女共同参画推進条例	平成14年3月15日	平成14年3月26日	平成14年4月1日（一部平成14年6月1日）	7
岡山県	岡山県男女共同参画の促進に関する条例	平成13年6月25日	平成13年6月26日	平成13年10月1日（一部平成14年4月1日）	14
広島県	広島県男女共同参画推進条例	平成13年12月18日	平成13年12月21日	平成14年4月1日	5
山口県	山口県男女共同参画推進条例	平成12年7月7日	平成12年7月11日	平成12年10月1日	4
徳島県	徳島県男女共同参画推進条例	平成14年3月22日	平成14年3月29日	平成14年4月1日	0
香川県	香川県男女共同参画推進条例	平成14年3月22日	平成14年3月27日	平成14年4月1日	1
愛媛県	愛媛県男女共同参画推進条例	平成14年3月18日	平成14年3月26日	平成14年4月1日（一部平成16年10月1日）	4
高知県	高知県男女共同参画社会づくり条例	平成15年12月24日	平成15年12月26日	平成16年4月1日（一部平成16年7月1日）	1
福岡県	福岡県男女共同参画推進条例	平成13年10月15日	平成13年10月19日	平成13年10月19日	16
佐賀県	佐賀県男女共同参画推進条例	平成13年10月5日	平成13年10月9日	平成13年10月9日	1
長崎県	長崎県男女共同参画推進条例	平成14年3月25日	平成14年3月27日	平成14年4月1日	2
熊本県	熊本県男女共同参画推進条例	平成13年12月19日	平成13年12月20日	平成14年4月1日	5
大分県	大分県男女共同参画推進条例	平成14年3月27日	平成14年3月29日	平成14年4月1日（一部平成14年6月1日）	7
宮崎県	宮崎県男女共同参画推進条例	平成15年3月7日	平成15年3月12日	平成15年4月1日（一部平成15年10月1日）	4
鹿児島県	鹿児島県男女共同参画推進条例	平成13年12月18日	平成13年12月21日	平成14年1月1日	3
沖縄県	沖縄県男女共同参画推進条例	平成15年3月27日	平成15年3月31日	平成15年4月1日	1
千葉県					5
合計				46	269

（内閣府男女共同参画局ホームページ
http://www.gender.go.jp/ 掲載資料より引用）（2005年7月1日現在）

資料④　男女共同参画に関する計画（都道府県）一覧

都道府県名	都道府県計画名	対象期間	策定年月	策定市区町村数
北海道	北海道男女平等参画基本計画	14年度～19年度	平成14年3月	30
青森県	あおもり男女共同参画プラン21	12年度～18年度	平成14年6月改	11
岩手県	いわて男女共同参画プラン	12年度～22年度	平成12年3月	15
宮城県	宮城県男女共同参画基本計画	15年度～22年度	平成15年3月	15
秋田県	秋田県男女共同参画推進計画「あきた′女と男のハーモニープラン」	13年度～22年度	平成13年3月	56
山形県	山形県男女共同参画計画	13年度～22年度	平成13年3月	10
福島県	ふくしま男女共同参画プラン	13年度～22年度	平成13年2月	19
茨城県	茨城県男女共同参画基本計画	13年度～22年度	平成14年3月	30
栃木県	とちぎ男女共同参画プラン	13年度～17年度	平成13年3月	17
群馬県	ぐんま男女共同参画プラン	13年度～17年度	平成13年3月	13
埼玉県	埼玉県男女共同参画推進プラン2010～あなたらしさを発揮して～	14年度～22年度	平成14年2月	71
千葉県	千葉県男女共同参画計画	13年度～37年度	平成13年3月	27
東京都	男女平等推進のための東京都行動計画チャンス＆サポート東京プラン2002	14年度～18年度	平成14年1月	49
神奈川県	かながわ男女共同参画推進プラン	15年度～19年度	平成15年6月	33
新潟県	新潟・新しい　波男女平等推進プラン	13年度～17年度	平成13年3月	16
富山県	富山県民男女共同参画計画―ともに輝く共生プラン―	13年度～22年度	平成13年11月	17
石川県	いしかわ男女共同参画プラン2001―変わる変えるともに拓く	13年度～22年度	平成13年3月	10
福井県	福井県男女共同参画計画「ふくい男女共同参画プラン」	14年4月～24年3月	平成14年4月	24
山梨県	山梨県男女共同参画計画（ヒューマンプラン）	14年度～18年度	平成14年2月	28
長野県	パートナーシップながの21	13年度～17年度	平成13年3月	54
岐阜県	岐阜県男女共同参画計画	16年度～20年度	平成16年9月	22

静岡県	静岡県男女共同参画計画 ハーモニックしずおか2010	15年度〜22年度	平成15年1月	32
愛知県	あいち男女共同参画プラン21〜個性が輝く社会をめざして〜	13年度〜22年度	平成13年3月	37
三重県	三重県男女共同参画基本計画	14年度〜22年度	平成14年3月	14
滋賀県	男女共同参画計画「パートナーしが2010プラン（改訂版）」	10年度〜23年度	平成15年3月・改訂	11
京都府	京都府男女共同参画計画―新KYOのあけぼのプラン	13年度〜22年度	平成13年4月	21
大阪府	おおさか男女共同参画プラン	13年度〜22年度	平成13年7月	39
兵庫県	兵庫県男女共同参画計画―ひょうご男女共同参画プラン21―	13年度〜22年度	平成13年3月	26
奈良県	なら男女共同参画プラン21 奈良県男女共同参画計画（なら女性プラン21改訂版）	14年度〜17年度	平成14年2月	13
和歌山県	和歌山県男女共同参画基本計画	15年度〜18年度	平成15年3月	8
鳥取県	鳥取県男女共同参画計画	13年度〜18年度	平成13年6月	10
島根県	島根県男女共同参画計画（しまねパートナープラン21）	13年度〜23年度	平成13年2月	13
岡山県	おかやまウィズプラン21	13年度〜17年度	平成13年3月	19
広島県	広島県男女共同参画基本計画	15年度〜17年度	平成15年2月	12
山口県	きらめき山口ハーモニープラン	14年度〜22年度	平成14年3月	19
徳島県	徳島県女性総合計画（女と男（ひととひと）輝くとくしまプラン）	9年度〜18年度	平成9年3月	4
徳島県	とくしま男女共同参画実行プラン	15年度〜17年度	平成15年11月	4
香川県	かがわ男女共同参画プラン	13年度〜22年度	平成13年11月	5
愛媛県	愛媛県男女共同参画計画〜パートナーシップえひめ21〜	13年度〜22年度	平成13年5月	7
高知県	こうち男女共同参画プラン	13年度〜22年度	平成13年9月	12
福岡県	福岡県男女共同参画計画	13年度〜17年度	平成14年3月	34
佐賀県	佐賀県男女共同参画基本計画	13年度〜22年度	平成13年3月	8
長崎県	長崎県男女共同参画基本計画	14年度〜21年度	平成15年3月	7
熊本県	熊本県男女共同参画基本計画（ハーモニープランくまもと21）	13年度〜22年度	平成13年3月	13
大分県	おおいた男女共同参画プラン	13年度〜22年度	平成13年3月	10

宮崎県	みやざき男女共同参画プラン	14年度〜22年度	平成14年3月	16
鹿児島県	男女共同参画の推進に関する基本的な計画（かごしまハーモニープラン）	11年度〜21年度	平成11年3月	17
沖縄県	沖縄県男女共同参画計画〜DEIGOプラン〜	14年度〜23年度	平成14年3月	16
合計			47	990

（内閣府男女共同参画局ホームページ
http://www.gender.go.jp/ 掲載資料より引用）
（2005年7月1日現在）

資料⑤ 都道府県・政令指定都市等の男女共同参画推進条例の比較

都道府県	「男女の違い」の文言の有無	積極的改善措置についての言及の有無	間接差別について明記しているか	企業（事業者）に関する規定の有無	リプロダクティブライツに関する規定の有無
北海道		（目的）第1条（定義）第2条（道が設置する付属機関等における男女平等参画の推進）第9条	前文、（基本理念）第3条（性別による権利侵害禁止）第7条	（事業者の責務）第6条	
青森県		（県の責務）第4条		（事業者の責務）第5条（調査・研究）第13条（支援）第14条	（基本理念）第3条5項「男女が互いの身体的特徴を理解し合うことにより」
岩手県		（県の責務）第4条（付属機関等における積極的改善措置）第11条	（基本理念）第3条1号	（事業者の責務）第6条（県民及び事業者の理解を深めるための措置）第12条	（基本理念）第3条6号「生殖に関する事項に関し双方の意思が尊重」
宮城県	（前文）「男女は、その違いを認めつつ、互いの人権を十分に尊重しなければならない」	（定義）第2条（県の責務）第4条1項	（基本理念）第3条1項	（事業者の責務）第6条	（基本理念）第3条4項「男女の生涯にわたる性と生殖に関する健康と権利の尊重」
秋田県		（県の責務）第4条		（事業者の責務）第5条	（基本指針）第3条5号「妊娠、出産等に係る相互の判断を尊重」
山形県		（県の責務）第4条1項（事業者の責務）第6条1項		（事業者の責務）第6条（事業者の調査協力）第15条	
福島県		（県の責務）第4条（積極的改善措置への県の支援）第13条	（基本理念）第3条1項	（事業者の責務）第6条	（基本理念）第3条5項「妊娠、出産その他の生殖に関する事項に関し、男女が互いの意見を尊重すること」
茨城県		（県の責務）第4条（付属機関等における積極的改善措置）第16条		（事業者の責務）第6条（男女共同参画の状況についての報告等）第17条	
栃木県		（県の責務）第4条1項（付属機関における委員の構成等）第16条1項	（基本理念）第3条1項	（事業者の責務）第6条（事業者が行う活動への支援等）第12条 ※3項目にわたる具体的規定	（基本理念）第3条5項「安全な妊娠又は出産ができるようにすること」
群馬県		（付属機関等における委員の構成）第11条		（男女共同参画推進員の設置等）第15条1項（報告）第16条	

ドメスティック・バイオレンス（以下DV）に限定した記述の有無	マスコミ・メディアに関する条項の有無	その他の特徴（苦情処理・教育推進など）
		・北海道男女平等参画苦情処理委員の設置（第19条～22条）
（性別による権利侵害の防止等）第12条「夫婦、男女間の暴力等の防止に努めるとともに、これらの被害を受けた者に対し、必要な支援措置を講ずる」		・男女共同参画に関する教育の推進規定（第10条）
（基本理念）第3条7号「配偶者間その他の男女間における暴力的行為（精神的に著しく苦痛を与える行為を含む。以下同じ。）を根絶するよう積極的な対応がなされること」		・男女共同参画月間を設置（第13条）・男女共同参画に関する教育の推進規定（第14条）・農林水産業、商工業等のうち自営業における環境整備の推進（第15条）・県民又は事業者からの申出を適切かつ迅速に処理するための委員を設置（第16条） NPO法人との連携及び協働を規定（第19条）
（基本理念）第3条5項「配偶者間その他の男女間におけるあらゆる暴力的行為（身体的又は精神的な苦痛を著しく与えるものをいう。以下同じ。）の根絶」	（公衆に表示する情報に関する留意）第12条	・男女共生教育の推進（第9条） ・農林水産業及び自営の商工業の分野における男女のパートナーシップの確立（第10条） ・ストーカー行為の禁止（第11条3項） ・苦情処理を担当する男女共同参画相談員の設定（第17条3項） ・民間非営利団体との連携・協働（第15条）
（性別による人権侵害の禁止）第16条「配偶者間その他の男女間において暴力行為又は精神的に著しい苦痛を」		・男女共同参画に関する教育の推進規定（第12条） ・男女共同参画月間を設置（第13条） ・苦情の処理について規定（第4章）
（性別による権利侵害に関する配慮）第7条「配偶者（婚姻の届出をしていないが、事実上婚姻関係と同様の事情にあるものを含む。）に対する身体的又は精神的な苦痛を与える暴力的行為」		・男女共同参画に関する教育の推進規定（第10条）
	（公衆に表示する情報への配慮）第21条	・両立支援、自営業女性の支援（第16条、第17条） ・施策に関する申出、男女共同参画推進員（第24条）
第19条2項「何人も、配偶者に対し、身体的又は精神的な苦痛を与えるような暴力的行為を行ってはならない」		・男女共同参画月間を設置（第7条） ・男女共同参画に関する教育の推進規定（第11条）
	（公衆に表示する情報への配慮）第21条	・男女共同参画に関する教育の推進規定（第11条） ・苦情（第17条）および相談の処理（第18条） ・農林業及び家族経営的な商工業等における措置（第13条）
		・施策に対する意見の申出（第10条）

	「男女の違い」の文言の有無	積極的改善措置についての言及の有無	関接差別について明記しているか	企業（事業者）に関する規定の有無	リプロダクティブライツに関する規定の有無
埼玉県		（定義）第2条積極的格差是正措置 （県の施策等）第9条3号「積極的格差是正措置を講じるよう努める」	（基本理念）第3条「直接的であるか間接的であるかを問わず」	（事業主の責務）第5条	3条5（基本理念）「性と生殖に関する健康と権利が尊重されることを旨として、行わなければならない。」
東京都	前文「男女は、互いの違いを認めつつ個人の人権を尊重しなければならない」	（定義）第2条積極的改善措置		（事業主の責務）第6条（雇用の分野における男女平等参画の促進）第13条1項、第13条2項	
神奈川県				（事業者の責務）第5条（男女共同参画の推進に関する届出等）第10条（報告の徴収）第11条	
新潟県		（県の責務）第4条1項（付属機関における委員の構成）第21条	（基本理念）第3条1項	（事業者の責務）第6条（報告の徴収等）第20条	（基本理念）第3条5項「生涯にわたる妊娠、出産その他の性と生殖に関する健康と権利」
富山県		（定義）第2条積極的改善措置			（男女の生涯にわたる健康の確保）第7条
石川県		（県の責務）第4条		（事業者の責務）第6条（報告の徴収等）第12条	（基本理念）第3条5項「生涯にわたる性その他の性と生殖に関する事項に関し、自らの決定が尊重」
福井県		（県の責務）第5条（政策等の決定過程における男女共同参画の推進）第14条2項		（事業者の責務）第6条（表彰）第19条	
山梨県		（県の責務）第8条		（事業者の責務）第10条（男女共同参画推進月間）第14条3項	（男女の人権の尊重）第3条「男女の生涯にわたる性と生殖に関する健康と権利が尊重されること」
長野県		（県の責務）第9条1項※（付属機関の委員等の構成）第26条；「積極的改善措置」の文言はないが、「できる限り男女の数が均衡した構成とするよう努める」	（男女の人権の尊重）第3条（性別による差別的取り扱いの禁止等）第12条1項	（事業者の責務）第11条（自営業における環境整備）第21条（調査研究の推進）第22条2項	（生涯にわたる性と生殖に関する健康と権利の尊重）第4条
岐阜県		（県の審議会などにおける委員の構成）第14条		（事業者への協力依頼）第15条	

ドメスティック・バイオレンス（以下DV）に限定した記述の有無	マスコミ・メディアに関する条項の有無	その他の特徴（苦情処理・教育推進など）
（性別による権利侵害の禁止）第7条1項「家庭、職場、学校、地域社会等において、女性に対する暴力を行ってはならない」	（公衆に表示する情報に関する留意）第8条	・両立支援策を明示（第9条） ・男女共同参画苦情処理委員会（第13条に基づいて設置）
第14条3項「家庭内等において、配偶者等に対する身体的又は精神的な苦痛を著しく与える暴力的行為は、これを行ってはならない」		・都民事業者の申出（第7条）
		・苦情処理の申出（第14条）
（差別的取り扱いの禁止等）第7条3項「配偶者等及び配偶者等であった者に対し、暴力その他の心身に有害な影響を及ぼす言動を行ってはならない。」	（公衆に表示する情報の留意）第8条	・男女共同参画に関する教育の推進規定（第12条） ・産業の分野における環境の整備（第13条） ・条文全体を通し、一貫して「男女平等社会」の語を使用 ・男女共同参画推進員設置 ・苦情処理機関設置（第13条）
		（国際的協調）環日本海における取組を重視しつつ国際的協調の下に行う（第8条）
		・苦情処理機関の設置（第13条）
（性別による権利侵害の禁止）第7条3項「配偶者その他男女間における暴力行為（精神的に苦痛を与える行為を含む。第15条において同じ。）をしてはならない」（暴力の根絶）第15条「被害者の保護を図るために、情報の提供、相談その他の必要な措置」		・農山漁村における男女共同参画の推進（第12条） ・男女共同参画月間の設置（第18条） ・表彰制度の設置（第19条）
（性別による権利侵害の禁止）第21条2号「配偶者（届出をしないが事実上婚姻関係と同様の事情にある者を含む。以下同じ。）又は過去において配偶者であった者に対する身体的苦痛又は著しい精神的苦痛を与える暴力的行為」		・男女共同参画に関する教育の推進規定（第13条） ・男女共同参画推進月間の設置（第14条） ・自営の農林業、商工業等における就業環境の整備の促進（第17条）
	（公衆に表示する情報に関する留意）第13条	・男女共同参画に関する教育の推進規定（第19条） ・苦情の処理等（第27条、第28条） ・自営業における環境整備（第21条）
（性別による権利侵害の禁止）第8条2項「体または心に苦痛を与える行為（ドメスティック・バイオレンスといいます。）などの男女間における暴力行為」		・女性の就業率の高さ、労働時間の長さに対して職場における重要なポストにつく人の少なさを認識（前文参照） ・男女共同参画月間の設置（第17条） ・教育・学習等に関する規定（第11条） ・苦情等への対応に関する規定（第18条）

●資料⑤ 都道府県・政令指定都市等の男女共同参画推進条例の比較

83

	「男女の違い」の文言の有無	積極的改善措置についての言及の有無	関接差別について明記しているか	企業(事業者)に関する規定の有無	リプロダクティブライツに関する規定の有無
静岡県		(県の責務)第3条1項(民間の団体の責務)第5条1項※いずれの規定でも「積極的格差改善措置」の文言を使用		(民間の団体の責務)第5条(民間の団体の協力)第12条	(基本的施策)第6条8項「生む性としての女性が、自ら健康の保持及び増進を図ることができるよう支援すること」
愛知県		(県の責務)第4条(教育、学習等)第11条(調査研究及び情報提供)第12条2項		(事業者の責務)第6条	
三重県		(県の責務)第4条(積極的改善措置への協力)第9条		(事業者の責務)第6条(積極的改善措置への協力)第9条2項	
滋賀県		(県の責務)第4条1項(付属機関等における積極的改善措置)第16条		(事業者の責務)第6条	(基本理念)第3条5項「男女が互いの性について理解を深め、妊娠または出産に関する事項に関し双方の意見が尊重されること及び生涯にわたり健康な生活を営むことができるよう」
京都府	(前文)「男女の違いを認めあいながら」	(府の責務)第4条(積極的改善措置)第8条		(事業者の責務)第6条(雇用の分野における男女共同参画の推進等)第9条(個人で営む事業における男女共同参画の推進)第10条	(基本理念)第3条5項「男女が互いの性について理解を深め、妊娠または出産に関する事項について、双方の意見が基本的に尊重されること及び生涯を通じて健康な生活を営むこと」
大阪府	前文「男女が、互いの違いを認め合い、互いの生き方を尊重しあいながら、社会の対等な構成員として、互いに協力し、」	(府の責務)第4条		(事業者の責務)第6条(事業者の取組の促進)第11条顕彰、調査、協力	(基本理念)第3条1項「妊娠、出産等互いの性に関する事項についての理解が深められ、男女の生涯にわたる健康が確保されること、その他の男女の人権が尊重されること」
兵庫県		(県の責務)第3条(付属機関等における構成員の男女の均衡)第17条		(事業者の責務)第5条(雇用の場における取組)第12条(事業者との協定)第13条(個人で営む事業における男女の共同参画の推進)第14条	
奈良県		(県の責務)第4条		(事業者の責務)第6条	

ドメスティック・バイオレンス（以下DV）に限定した記述の有無	マスコミ・メディアに関する条項の有無	その他の特徴（苦情処理・教育推進など）
	（県民の責務）第4条3項	・男女共同参画に関する教育の推進規定（第6条2項） ・苦情及び相談の処理（第12条） ・男女共同参画の日を設置（第10条） ・積極的推進者に対する顕彰制度（第10条3項）
		・男女共同参画に関する教育の推進規定（第11条） ・男女共同参画月間を設置（第13条）
		・三重県男女共同参画審議会が県の施策の実施状況に関する評価を行うと規定（第13条2項）
（セクシャルハラスメント等の禁止）第7条2項「配偶者等に対して身体的または精神的な苦痛を与える暴力的な行為を行ってはならない」		・前文で琵琶湖の環境保全、福祉、男女共同参画について言及 ・男女共同参画に関する教育の推進規定（第10条2項） ・苦情の処理（第13条）および相談の処理（第14条）に関する規定（男女共同参画相談員を設置（第14条2項）
（性別による人権侵害の禁止）第14条「ドメスティック・バイオレンスにより男女の人権を侵害してはならない」	（情報に関する留意事項）第15条	・京都における文化・産業の振興に関する特別規定（第12条） ・自営業における男女共同参画に関する特別規定（第10条） ・府民等の理解を深めるための措置規定（第16条）メディア・リテラシーを含む ・苦情処理等に関する規定（第21条） ・前文で文学等における女性の活躍に言及
（性別による差別的取扱いの禁止等）第7条3項「何人も、配偶者（婚姻の届出をしていないが、事実上婚姻関係と同様の事情にある者を含む。以下同じ。）に対する暴力（暴行その他の心身に有害な影響を及ぼす言動を言う。以下同じ。）を行ってはならない。」		・事業者の取組の促進のための顕彰制度（第11条）
（性別による差別的取り扱い等の禁止）第7条3項「何人も家庭等において、配偶者等に対する身体的又は精神的な苦痛を与える暴力的行為を行ってはならない」	（公衆に表示する情報に関する留意）第8条	・震災の経験を活かして、県民のために行われる自発的で自立的な活動を行う団体の責務を規定（第6条） ・男女共同参画に関する教育の推進規定（第16条） ・県民からの意見を施策に反映させる旨の条項を独立して設置（第21条）
（性別による人権侵害）第7条「配偶者（婚姻の届出をしていないが、事実上婚姻関係と同様の事情にある者を含む。以下同じ。）及び配偶者であった者に対する暴力行為（身体的又は精神的に著しい苦痛を与える行為をいう。以下同じ。）を行ってはならない」		・男女共同参画に関する教育の推進規定（第13条）

●資料⑤ 都道府県・政令指定都市等の男女共同参画推進条例の比較

	「男女の違い」の文言の有無	積極的改善措置についての言及の有無	間接差別について明記しているか	企業（事業者）に関する規定の有無	リプロダクティブライツに関する規定の有無
和歌山県		（県の責務）第5条（県の政策決定過程等における男女共同参画の推進）第9条		（事業者が行う活動への支援及び情報収集等）第11条報告を求める、状況公表 （農林水産業、商工業等の産業の分野における男女共同参画の推進）第12条	（基本理念）第3条5号「男女がそれぞれの性について理解を深めることで、妊娠出産その他の性と生殖に関する、互いの意思が尊重され、生涯にわたる健康と安全が確保されること」
島根県		（県の責務）第4条2項		（事業者の責務）第6条	（基本理念）第3条1項「男女の生涯にわたる性と生殖に関する健康と権利が尊重されること」
鳥取県		（県の責務）第4条2項、3項 （年次報告）第9条2項「県の積極的改善措置により男女の格差が是正され、又は是正されなかった状況についても明らかにしなければならない」	（情報の収集及び分析）第14条1号	（事業者の責務）第7条育児休業、介護休業にも言及 （性別による権利侵害があった場合の措置）第21条2項 （情報の収集及び分析）第14条3項	（基本理念）第3条3号「男女が互いの性を尊重し、性と生殖に関する健康と権利を認め合う社会」
岡山県		（県の責務）第4条 （積極的改善措置への協力等）第8条	（基本理念）第3条1項	（事業者の責務）第6条 （報告の徴収、勧告等）第19条 （事業者等の表彰）第20条	（基本理念）第3条5項「男女共同参画の促進は、男女が互いの性を理解し合い、性と生殖に関する健康と権利が尊重されることを旨として、行われなければならない。」
広島県	（前文）「男女が、互いの違いを認め合い、互いに人権を尊重しながら、その個性と能力を十分に発揮し、責任も分かち合うことのできる男女共同参画社会の実現が緊急の課題である。）	（県の責務）第4条1項「男女共同参画の推進に関する施策（積極的改善措置を含む。以下同じ。）を統合的に限定し、…」		（事業者の責務）第6条	
山口県		（県の責務）第4条	（基本理念）第3条1項	（事業者の責務）第5条 （事業者の報告）第17条	（基本理念）第3条5項「生涯にわたる妊娠、出産その他の生殖に関する事項に関し、自らの決定が尊重されること及び健康な生活を営むことについて配慮されること」
徳島県		（県の責務）第4条1項		（事業者の責務）第6条	（基本理念）第3条5項「男女が生涯を通じて健康であることならびに男女がそれぞれの身体の特徴について互いに理解を深めることにより、安全な妊娠及び出産が快適な環境の元にできるようにすること」

ドメスティック・バイオレンス（以下DV）に限定した記述の有無	マスコミ・メディアに関する条項の有無	その他の特徴（苦情処理・教育推進など）
	（公衆に表示する情報に関する留意）第19条	・事業者の報告により把握した男女共同参画の状況を公表することができる（第11条3項） ・被害者支援条項において家庭内暴力に関する被害者の保護救済、加害者に対する対応等詳細を規定
（被害者の保護等）第9条親族を含むDV被害の保護・救済に関する詳細な規定	（公衆に表示する情報に関する留意）第10条	・男女共同参画に関する教育の推進規定（第13条） ・苦情及び相談の処理規定（第20条） ・男女共同参画推進月間の設定（第16条） ・「農山漁村が多く存在する」（前文）という特性から「農山漁村における男女共同参画の推進」を県の施策として規定。（第14条） ・親族を含むDV被害者保護・救済に関する詳細な規定
（性別による権利侵害の禁止）第20条3項「何人も、いかなる場所においても、配偶者等に対して身体的又は精神的な苦痛を与える暴力的行為を行ってはならない。」	（公衆に表示する情報にかかる制限）第22条	・男女共同参画に関する教育の推進規定（第15条） ・苦情申出等の規定（第18条、第19条） ・一人親家庭等に対する配慮措置を規定（第16条）
（阻害行為の禁止等）第22条1項2号「家庭内等における配偶者その他の親族関係にある者及び内縁関係にある者（過去においてこれらの関係にあった者を含む。）に対する身体的な苦痛又は著しい精神的な苦痛を与える暴力的な行為」（被害者の保護等）第23条2項、3項		・事業者への報告の要求、勧告、表彰など（第19条、第20条） ・メディア・リテラシーに言及（第14条） ・男女共同参画に関する教育の推進規定（第15条） ・男女共同参画月間を設置（第21条） ・親族を含むDV被害者保護について詳細に規定（第23条2項、3項）
		・（前文）「多様な地域性に配慮した施策」 ・知事による苦情又は相談の申出の処理（第10条）
		・市町村男女共同参画計画の策定に関する助言等積極的に関与するよう規定（第8条） ・男女共同参画推進月間の設置（第12条） ・男女共同参画相談員の設置（第19条）
（性別による権利侵害の禁止）第7条3項「配偶者（婚姻の届出をしていないが、事実上婚姻関係と同様の事情にあるものを含む。以下同じ。）及び配偶者であった者に対する暴力的行為（身体的又は精神的に著しい苦痛を与える行為をいう。）を行ってはならない」		・男女共同参画に関する教育推進規定（第11条） ・施策に関する申出の処理規定（第17条）および相談の処理規定（第18条）

資料⑤　都道府県・政令指定都市等の男女共同参画推進条例の比較

	「男女の違い」の文言の有無	積極的改善措置についての言及の有無	間接差別について明記しているか	企業（事業者）に関する規定の有無	リプロダクティブライツに関する規定の有無
香川県		（県の責務）第4条1項（付属機関等の委員の構成）第13条付属機関等の委員の構成に「積極的改善措置を講ずることにより、男女の委員の数が均衡するよう努める」ものとしている		（事業者の責務）第6条（事業者の報告）第16条	
愛媛県		（県の責務）第4条（積極的改善措置）第10条	（基本理念）第3条1項	（事業者の資源）第6条（事業者からの報告等）第20条	（基本理念）第3条7項「生涯にわたる妊娠、出産その他の性及び生殖に関する事項に関し、自らの決定が尊重されること及び健康な生活を営むこと」
高知県		（県の責務）第4条1項（付属機関等の委員の男女構成）第11条1項※市町村の審議会その他の付属機関等についても男女構成の均衡を求めるものとしている（第11条2項）		（事業者の責務）第6条	（基本理念）第3条5号「女性と男性が、互いの性別による身体的特徴の違いについて理解を深め、妊娠・出産における男女双方の意思の尊重」（生涯を通じた女性の健康支援）第13条
福岡県		（県の責務）第4条1項		（事業者の責務）第6条	
佐賀県		（県の責務）第4条（付属機関等における積極的改善措置）第16条		（事業者の責務）第6条（事業者の報告）第9条（表彰）第10条	
長崎県		（県の責務）第4条1項（積極的改善措置への協力等）第8条市町村、県民、事業者への協力（同条1項）、付属機関等における委員の構成（同条2項）		（事業者の責務）第6条（事業者への協力依頼）第15条	
熊本県		（県の責務）第9条1項（県の付属機関の委員の選任における配慮等）第19条1項	第3条「差別的取扱い」で、「明確な差別的意図がなくとも、差別を容認したと認められる取扱いを含む」と明記		
大分県		（県の責務）第4条（政策等の立案及び決定への共同参画）第14条		（事業者の責務）第6条（事業者の報告）第18条	（基本理念）第3条5項「性と生殖に関する健康と権利」

ドメスティック・バイオレンス（以下DV）に限定した記述の有無	マスコミ・メディアに関する条項の有無	その他の特徴（苦情処理・教育推進など）
（被害者の保護等）第19条 事実婚を含むDV被害者保護について詳細に規定		・DV被害者保護を具体的に規定（第19条） ・相談及び苦情の処理（第18条） ・男女共同参画の状況に関して、事業者への報告の要求及びその内容の公表が可能（第20条）
（性別による権利侵害等の禁止）第7条3項「ドメスティックバイオレンスなど男女共同参画を阻害する行為の禁止」	（情報の公表に際しての改善事項）第8条	・男女共同参画の状況に関して、事業者への報告の要求及びその内容の公表が可能（第20条） ・農林水産業等の分野における環境整備（第11条） ・男女共同参画に関する教育の推進規定（第13条） ・男女共同参画週間を設置（第22条）
（性別による人権侵害の禁止）第18条3項「配偶者間その他の男女間における身体的又は精神的な苦痛を与える暴力的行為」（配偶者からの暴力による被害者への支援）第19条	（公衆に表示する情報への配慮）第20条	・広報活動等の充実（第8条1項）・男女共同参画推進月間を設置（第8条2項） ・男女共同参画に関する教育の推進規定（第9条） ※全分野にわたるものについて言及 ・農林水産業・商工業など自営業における男女共同参画に関する特別規定（第10条） ・苦情調整委員の設置（第21条） ・DV被害者への支援を明記
（暴力的行為等の禁止）第7条「何人も、配偶者等への暴力、性的言動による生活等侵害行為その他の男女間の人権の軽視に起因する行為であって相手方に身体的又は精神的な苦情を与える行為をしてはならない。」		・事業者の責務で育児、介護、退職者に言及（第6条） ・男女共同参画の日（第10条） ・教育及び学習の機会の提供（第11条）
		・積極的推進者に対する表彰制度（第10条） ・男女共同参画に関する教育の推進規定（第8条） ・相談等の措置（第13条）
（性別による権利侵害の禁止）第17条3項「家庭内等において、配偶者等に対して身体的又は精神的な苦痛を著しく与える暴力的行為を行ってはならない」（性別による権利侵害があった場合の措置）第18条行為者に対する措置（同条1項）、被害者に対する措置（同条2項）	（公衆に表示する情報に係る制限）第19条	・男女共同参画に関する教育の推進規定（第12条） ・相談等の処理（第13条） ・農林水産業及び商工業等自営業の分野における環境整備（第10条）
（男女共同参画社会の形成を阻害する行為の禁止）第13条2項「配偶者（婚姻の届出をしていないが、事実上婚姻関係と同様の事情にあるものを含む。）に対し身体的又は精神的な苦痛を与える暴力的な行為その他の男女間における身体的又は精神的な苦痛を与える暴力的な行為」	（公衆に表示する情報における表現への配慮）第14条	・当条例は、県政パブリック・コメント手続きにより県民の声を反映させた初の条例でもある。 ・農山漁村における男女共同参画社会形成の促進に関する特別規定（第18条） ・男女共同参画に関する教育の推進規定（第16条2項）
	（公衆に情報を表示する場合の配慮）第8条	・男女共同参画に関する教育の推進規定（第12条）

●資料⑤　都道府県・政令指定都市等の男女共同参画推進条例の比較

	「男女の違い」の文言の有無	積極的改善措置についての言及の有無	間接差別について明記しているか	企業（事業者）に関する規定の有無	リプロダクティブライツに関する規定の有無
宮崎県		（県の責務）第4条1項（付属機関等における積極的改善措置）第18条		（事業者の責務）第5条（事業者への協力依頼）第16条	
鹿児島県		（県の責務）第4条		（事業者の責務）第5条	
沖縄県		（県の責務）第4条		（事業者の責務）第6条	（基本理念）第3条5項「男女が互いの性を理解し合い、生涯にわたる妊娠、出産その他の性及び生殖に関する事項に関し、自らの決定が尊重されること及び健康な生活を営むことについて配慮されること」

政令指定都市

	「男女の違い」の文言の有無	積極的改善措置についての言及の有無	間接差別について明記しているか	企業（事業者）に関する規定の有無	リプロダクティブライツに関する規定の有無
札幌市（北海道）		（定義）第2条、（市の責務）第4条、（事業者の責務）第6条	（基本理念）第3条（1）間接的にも性別による差別的取り扱いを受けないこと、（2）間接的に差別されないよう配慮されること、第7条間接的にも性別を理由とする差別的取り扱いを行ってはならない	（目的）第1条（事業者の責務）第6条事業者の責務	（基本理念）第3条5項女性の性と生殖に関する健康と権利が生涯にわたり尊重されること
仙台市（宮城県）		（市の役割）第4条		（事業者の役割）第5条	（市民及び事業者への支援）第12条3項「男女が、互いの性及び妊娠、出産等に関する事項について理解を深め、尊重
さいたま市（埼玉県）		（基本施策等）第9条1号、2号	（基本目標）第3条	（事業者の責務）第6条	（基本目標）第3条5項「男女が互いの性を理解し、妊娠、出産その他の性及び生殖に関する事項について自らの決定が尊重される」
千葉市（千葉県）		（市の責務）第4条1項（基本施策）第8条1号「積極的格差是正措置」		（事業者の役割）第6条（基本的施策）第8条3号：事業者に対して状況報告を要請	

ドメスティック・バイオレンス（以下DV）に限定した記述の有無	マスコミ・メディアに関する条項の有無	その他の特徴（苦情処理・教育推進など）
		・男女共同参画に関する教育の推進規定（第11条） ・農山漁村における環境の整備（第12条）
（男女共同参画を阻害する行為の禁止）第9条3号「配偶者（婚姻の届出をしていないが、事実上婚姻と同様の事情にある者を含む。）に対する暴力行為（精神的苦痛を著しく与える行為を含む）」		・男女共同参画習慣を設置（第16条） ・県民等の申出（第15条）
	（公衆に表示する情報に関する配慮）第8条	・基本理念の普及啓発の規定（第11条） ・苦情等相談の規定（第17条） ・男女間の暴力防止に関する規定（第16条）

（性別による権利侵害の禁止）第7条「配偶者等に精神的な苦痛を与える暴力的行為その他の男女共同参画を阻害する暴力的行為を行ってはならない」		（総合的な拠点の施設を設置）（第16条）苦情などの申出を受ける相談窓口の設置（第18条）
（性別による人権侵害の禁止）第7条3号「配偶者等に対する暴力的行為（身体的また精神的な苦痛を与える行為をいう。）」		（政策の立案及び決定への共同参画）（第10条）
（基本目標）第3条「女性に対する暴力等が根絶されること」（性別による権利侵害の禁止）第7条3項「女性に対する暴力を行ってはならない」	（公衆に表示する情報に関する留意）第8条	・「苦情処理委員」を設置（第12条） ・さいたま市男女共同参画推進協議会を設置（第14条）
（性別による権利侵害の禁止）第7条3項「配偶者等に対し、身体的、精神的又は経済的な苦痛を与えるような暴力的行為等を行ってはならない。」		・男女共同参画に関する教育の推進規定（第8条2号） ・男女共同参画週間を設置（第14条1項、2項） ・積極的推進者に対する表彰制度（第14条3項） ・苦情及び相談の申出等（第16条）：苦情および相談の処理、被害者救済のための委員を設置（同条1項）

	「男女の違い」の文言の有無	積極的改善措置についての言及の有無	間接差別について明記しているか	企業（事業者）に関する規定の有無	リプロダクティブライツに関する規定の有無
川崎市（神奈川県）		（参画の機会を積極的に提供する施策の推進）第10条		（事業者の役割）第5条	
横浜市（神奈川県）		（基本的施策）第7条3号審議会等における委員		（事業者の責務）第6条	（基本的施策）第7条5号「男女が互いの性を理解し、尊重するとともに、対等な関係の下で、妊娠及び出産について決定することができるよう」
名古屋市（愛知県）		（参画機会の拡大及び是正措置）第12条	（基本理念）第2条1号	（事業者の責務）第5条（雇用者の分野における平等参画の推進）第13条3項	（基本理念）第2条5号「妊娠、出産その他の性と生殖に関する事項において、健康と自らの決定が尊重されること。」（性と生殖に関する健康と権利の支援）第11条「性と生殖に関する健康と権利が十分に尊重されるように」
京都市（京都府）		（政策等の立案から決定までの過程における男女共同参画）第16条		（事業者の責務）第5条（雇用における平等な機会及び待遇の確保等）第15条	（妊娠及び出産に係る健康の保持増進）第18条「妊娠及び出産に係る健康の保持増進」
大阪市（大阪府）		（本市の責務）第4条		（事業者の責務）第6条（調査研究）第17条2項	（基本理念）第3条5号「妊娠、出産等に関する事項について互いの意思を尊重する」
神戸市（兵庫県）		（市の責務）第4条（付属機関等への共同参画の機会確保）第11条（雇用等の分野における男女共同参画の推進）第16条		（事業者の責務）第6条（雇用等の分野における男女共同参画の推進）第16条4項※表彰	（基本理念）第3条5項「妊娠及び出産の機能を有する女性の心身に対する理解を深めるとともに、対等な関係の下に性と生殖に関する互いの意思が尊重される」
広島市（広島県）		（本市の責務）第4条1項（本市の政策の決定過程への女性の参画推進）第9条	（基本理念）第3条1号	（事業者の責務）第6条（雇用等の分野における男女共同参画の推進）第15条（補助金交付における男女共同参画の推進に関する措置）第17条	（基本理念）第3条5号「妊娠、出産その他の性と生殖に関する健康に関し」
北九州市（福岡県）		（市の責務）第4条1項		（事業主の責務）第6条推進への取り組みに努める・施策に協力することを要求	
福岡市（福岡県）		（市の責務）第4条		（事業者の役割）第6条（事業者への支援等）第16条	（性及び妊娠、出産等に関する理解並びに健康の保持に対する支援）第20条「性及び妊娠、出産等に関する理解並びに健康の保持に対する支援」

ドメスティック・バイオレンス（以下DV）に限定した記述の有無	マスコミ・メディアに関する条項の有無	その他の特徴（苦情処理・教育推進など）
（男女平等にかかわる人権侵害の禁止）第6条「配偶者等に対する著しい身体的又は精神的苦痛を与える暴力的行為」		・両立支援規定（第5条） ・人権相談の相談及び救済として川崎市人権オンブズパーソンが利用できる（第7条）
（基本理念）第3条7項「夫等からの女性に対する暴力等が根絶されることを旨として」 （基本的施策）第7条7号「夫等からの女性に対する暴力…これらの被害を受けたものに対し、必要な支援を行うとともに、暴力による被害を受けた者を一時的に保護する施設に対する支援」		・学校教育における男女共同参画推進（第7条1号）
（性別による権利侵害の禁止）第6条3項「ドメスティック・バイオレンス（配偶者等に対する身体又は精神に著しく苦痛を与える暴力その他の行為をいう。）を行ってはならない。」	第7条	・市と取引関係がある事業者及び補助金の交付を受けるものに対し共同参画の推進に関し報告を求め、適切な措置の協力を求めることができると規定（第13条3項） ・名古屋市男女共同参画苦情処理委員を設置（第20条1項）
（性別による人権侵害の禁止）第8条「配偶者等に対して身体的又は精神的な苦痛を与える行為」	（広告物の表現の配慮）第9条	・市長への苦情処理の申し出に関する規定（第21条）
（性別による差別的取扱い等の禁止）第7条3号「配偶者（婚姻の届出をしていないが、事実上婚姻関係と同様の事情にある者を含む。）に対する暴力その他の心身に有害な影響を及ぼす言動」	（公衆に表示する情報への配慮）第8条	・市民の定義（前文・第1条）昼間人口が多いことから大阪市民を「本市の区域内に通勤し、又は通学するものを含む」としている ・苦情処理委員の設置（第15条）
（性別による権利侵害の禁止）第7条「配偶者間など男女の間における身体若しくは精神に苦痛を与える暴力的行為を行ってはならない」	（公衆に表示する情報に関する留意）第8条	・男女共同参画月間を設置（第13条） ・男女共同参画苦情処理委員を設置（第20条）
（性別による人権侵害の禁止）第7条3項「配偶者等に身体的又は精神的な苦痛を与える暴力的行為を行ってはならない。」		・前文で平和と男女共同に言及 ・民間の団体の活動に対する支援（第16条） ・市の政策立案過程への女性の参画推進（第9条） ・補助金交付に関する規定（第17条）
（人権侵害行為の禁止）第7条「配偶者等に対する暴力…その他男女間において相手方に身体的または精神的苦痛を与える行為…を行ってはならない」		・アジアをはじめとする海外の地域との情報交換など（前文、第13条）
（配偶者等への暴力等の禁止）第10条「配偶者等に対する暴力…その他男女間において相手方に身体的又は精神的苦痛を与える行為を行ってはならない」 （暴力等の防止及び被害者等への支援）第21条 （相談への対応）第22条		・アジア地域との情報交換・相互協力に言及（第24条）

資料⑤ 都道府県・政令指定都市等の男女共同参画推進条例の比較

93

その他の市

	「男女の違い」の文言の有無	積極的改善措置についての言及の有無	間接差別について明記しているか	企業（事業者）に関する規定の有無	リプロダクティブライツに関する規定の有無
日野市（東京都）		（市の責務）第4条1項（事業者の責務）第6条2項（基本施策）第9条3号		（事業者の責務）第6条	（基本施策）第9条5号「男女が互いの性を理解し、真のリプロダクティブ・ヘルス／ライツを理解し、互いに尊重するとともに、対等な関係のもとで、妊娠や出産についても自己決定することができるよう啓発する。」
塩尻市（長野県）		（市の責務）第4条（事業者の責務）第5条		（事業者の責務）第5条	
桑名市（三重県）		（政策決定の場の平等）第4条（市がおこなうこと）第10条7号（企業等がおこなうこと）第11条4号		（企業等がおこなうこと）第11条	
宇部市（山口県）	（基本理念）第3条1項「男女が、男らしさ女らしさを一方的に否定することなく男女の特性を認め合い、互いにその人格と役割を認めるとともに、尊厳を重んじ合うこと」			（事業者の役割）第5条（市民及び事業者の自主的な活動への支援）第13条（市民及び事業者の報告）第14条	

資料⑥　主要条例

（1）東京都男女平等参画基本条例（2000年4月1日施行）

　男性と女性は、人として平等な存在である。男女は、互いの違いを認めつつ、個人の人権を尊重しなければならない。東京都は、男女平等施策について、国際社会や国内の動向と協調しつつ、積極的に推進してきた。長年の取組により男女平等は前進してきているものの、今なお一方の性に偏った影響を及ぼす制度や慣行などが存在している。本格的な少子高齢社会を迎え、東京が今後も活力ある都市として発展するためには、家庭生活においても、社会生活においても、男女を問わず一人一人に、その個性と能力を十分に発揮する機会が確保されていることが重要である。男女が社会の対等な構成員として社会のあらゆる分野の活動に共に参画することにより、真に調和のとれた豊かな社会が形成されるのである。すべての都民が、性別にかかわりなく個人として尊重され、男女が対等な立場であらゆる活動に共に参画し、責任を分かち合う男女平等参画社会の実現を目指し、ここに、

ドメスティック・バイオレンス（以下DV）に限定した記述の有無	マスコミ・メディアに関する条項の有無	その他の特徴（苦情処理・教育推進など）
（基本施策）第9条8号「女性に対するあらゆる暴力の根絶に努め」	（公衆に表示する情報に関する留意）第8条	・平成10年9月に「男女共同参画とし」宣言・DVによる二次被害が起きないように配慮し、一時保護の支援を行うほか、男性加害者を暴力の連鎖から解き放つための支援を規定・苦情、相談に対応するため苦情処理窓口を設置するがこの機関で対応が不可能なときには男女共同苦情処理相談員をおくとし、市長が委嘱すると規定（第12条）
（性別による権利侵害の禁止）第7条1項3号「女性に対する暴力」		男女共同参画に関する教育の推進規定（第10条参照）
（性別による権利の侵害）第8条3項（定義）第2条9号「ドメスティック・バイオレンス　夫婦や恋人等親しい関係にある男女間の身体的。心理的暴力をいいますが」	（情報による権利の侵害）第9条	・9項目にわたる定義規定（第2条）ジェンダー、メディアリテラシー、ファミリーフレンドリー企業など ・責務等において具体的に育児・介護・教育・員数均衡等の規定を設置（第7条） ・市や企業等の責務として積極的是正措置について管理職の登用に言及（第10条、第11条） ・苦情処理委員設置致規定（第15条）
（性別による権利侵害の禁止等）第7条1項3号「配偶者等に身体的または精神的な苦痛を著しく与える行為」	（公衆に表示する情報に関する留意）第8条	・中国地方で始めての男女共同参画都市宣言 ・基本理念に専業主婦尊重ともとれる文言をおく ・家庭において、子の不利益にならない配慮を求める文言をおく（第3条4項、5項） ・相談窓口の設置（第19条）

（辻村・稲葉編『日本の男女共同参画政策』東北大学出版会、2005年、300頁以下より引用）

この条例を制定する。

第1章　総則

（目的）

第1条　この条例は、男女平等参画の促進に関し、基本理念並びに東京都（以下「都」という。）、都民及び事業者の責務を明らかにするとともに、都の施策の基本的事項を定めることにより、男女平等参画の促進に関する施策（積極的改善措置を含む。以下「男女平等参画施策」という。）を総合的かつ効果的に推進し、もって男女平等参画社会を実現することを目的とする。

（定義）

第2条　この条例において、次の各号に掲げる用語の意義は、それぞれ当該各号に定めるところによる。

　　一　男女平等参画男女が、性別にかかわりなく個人として尊重され、及び一人一人にその個性と能力を発揮する機会が確保されることにより対等な立場で社会のあらゆ

る分野における活動に共に参画し、責任を分かち合うことをいう。
　　二　積極的改善措置社会のあらゆる分野における活動に参画する機会についての男女
　　　間の格差を改善するため、必要な範囲において、男女のいずれか一方に対し、当該
　　　機会を積極的に提供することをいう。
　　三　セクシュアル・ハラスメント性的な言動により当該言動を受けた個人の生活の環
　　　境を害すること又は性的な言動を受けた個人の対応により当該個人に不利益を与え
　　　ることをいう。
（基本理念）
第3条　男女平等参画は、次に掲げる男女平等参画社会を基本理念として促進されなければ
　ならない。
　　一　男女が、性別により差別されることなく、その人権が尊重される社会
　　二　男女一人一人が、自立した個人としてその能力を十分に発揮し、固定的な役割を
　　　強制されることなく、自己の意思と責任により多様な生き方を選択することができ
　　　る社会
　　三　男女が、子の養育、家族の介護その他の家庭生活における活動及び政治、経済、
　　　地域その他の社会生活における活動に対等な立場で参画し、責任を分かち合う社会
（都の責務）
第4条　都は、総合的な男女平等参画施策を策定し、及び実施する責務を有する。
2　都は、男女平等参画施策を推進するに当たり、都民、事業者、国及び区市町村（特別区
　及び市町村をいう。以下同じ。）と相互に連携と協力を図ることができるよう努めるもの
　とする。
（都民の責務）
第5条　都民は、男女平等参画社会について理解を深め、男女平等参画の促進に努めなけれ
　ばならない。
2　都民は、都が行う男女平等参画施策に協力するよう努めなければならない。
（事業者の責務）
第6条　事業者は、その事業活動に関し、男女平等参画の促進に努めなければならない。
2　事業者は、都が行う男女平等参画施策に協力するよう努めなければならない。
（都民等の申出）
第7条　都民及び事業者は、男女平等参画を阻害すると認められること又は男女平等参画に
　必要と認められることがあるときは、知事に申し出ることができる。
2　知事は、前項の申出を受けたときは、男女平等参画に資するよう適切に対応するものと
　する。

　　　第2章　基本的施策

（行動計画）
第8条　知事は、男女平等参画の促進に関する都の施策並びに都民及び事業者の取組を総合
　的かつ計画的に推進するための行動計画（以下「行動計画」という。）を策定するものと
　する。
2　知事は、行動計画を策定するに当たっては、都民及び事業者の意見を反映することがで
　きるよう、適切な措置をとるものとする。

3　知事は、行動計画を策定するに当たっては、あらかじめ東京都男女平等参画審議会及び区市町村の長の意見を聴かなければならない。
4　知事は、行動計画を策定したときは、これを公表しなければならない。
5　前3項の規定は、行動計画の変更について準用する。
（情報の収集及び分析）
第9条　都は、男女平等参画施策を効果的に推進していくため、男女平等参画に関する情報の収集及び分析を行うものとする。
（普及広報）
第10条　都は、都民及び事業者の男女平等参画社会についての理解を促進するために必要な普及広報活動に努めるものとする。
（年次報告）
第11条　知事は、男女平等参画施策の総合的な推進に資するため、男女平等参画の状況、男女平等参画施策の実施状況等について、年次報告を作成し、公表するものとする。

第3章　男女平等参画の促進

（決定過程への参画の促進に向けた支援）
第12条　都は、国若しくは地方公共団体における政策又は民間の団体における方針の決定過程への男女平等参画を促進するための活動に対して、情報の提供その他必要な支援を行うよう努めるものとする。
（雇用の分野における男女平等参画の促進）
第13条　事業者は、雇用の分野において、男女平等参画を促進する責務を有する。
2　知事は、男女平等参画の促進に必要と認める場合、事業者に対し、雇用の分野における男女の参画状況について報告を求めることができる。
3　知事は、前項の報告により把握した男女の参画状況について公表するものとする。
4　知事は、第2項の報告に基づき、事業者に対し、助言等を行うことができる。

第4章　性別による権利侵害の禁止

第14条　何人も、あらゆる場において、性別による差別的取扱いをしてはならない。
2　何人も、あらゆる場において、セクシュアル・ハラスメントを行ってはならない。
3　家庭内等において、配偶者等に対する身体的又は精神的な苦痛を著しく与える暴力的行為は、これを行ってはならない。

第5章　東京都男女平等参画審議会

（設置）
第15条　行動計画その他男女平等参画に関する重要事項を調査審議するため、知事の附属機関として東京都男女平等参画審議会（以下「審議会」という。）を置く。
（組織）
第16条　審議会は、知事が任命する委員25人以内をもって組織する。
2　委員は、男女いずれか一方の性が委員総数の4割未満とならないように選任しなければならない。

(専門委員)
第17条　専門の事項を調査するため必要があるときは、審議会に専門委員を置くことができる。
(委員の任期)
第18条　委員の任期は2年とし、補欠の委員の任期は、前任者の残任期間とする。ただし、再任を妨げない。
2　専門委員の任期は、専門の事項に関する調査が終了するまでとする。
(運営事項の委任)
第19条　この章に規定するもののほか、審議会の組織及び運営に関し必要な事項は、知事が定める。

　　附　則
この条例は、平成12年4月1日から施行する。

(2) 埼玉県男女共同参画推進条例（一部を除き2000年4月1日施行）

　個人の尊重と法の下の平等は日本国憲法にうたわれており、男女平等の実現については、国際婦人年以来、国際連合が「平等・開発・平和」の目標を掲げ、各国が連帯して取り組んでいる。
　また、あらゆる分野における女性に対する差別の解消を目指して、女子に対するあらゆる形態の差別の撤廃に関する条約を軸に男女平等のための取組が積極的に展開され、国内及び県内においても進められてきた。
　しかしながら、性別による固定的な役割分担意識やそれに基づく社会慣行は依然として根強く、真の男女平等の達成には多くの課題が残されている。
　一方、現在の経済・社会環境は、急激な少子・高齢化の進展をはじめ、情報化、国際化など多様な変化が生じている。
　特に、埼玉県においては、核家族世帯率が高く、女性の労働力率が出産・子育て期に大きく低下する傾向があり、また、男性は通勤時間が長く、家事・育児・介護等の家庭生活における参画が必ずしも十分ではない。
　こうした現状を踏まえ、豊かで安心できる社会を築いていくためには、男女が、社会的文化的に形成された性別の概念にとらわれず、その個性と能力を十分に発揮し、あらゆる分野に対等に参画できる男女共同参画社会の実現が重要である。
　ここに、私たちは、男女共同参画社会の実現を目指すことを決意し、男女共同参画の推進についての基本理念を明らかにしてその方向を示し、男女共同参画を総合的かつ計画的に推進することにより、豊かで活力ある21世紀の埼玉を築くため、この条例を制定する。

(目的)
第1条　この条例は、男女共同参画の推進に関し、基本理念を定め、県、事業者及び県民の責務を明らかにし、並びに男女共同参画の推進に関する施策について必要な事項を定めることにより、男女共同参画を総合的かつ計画的に推進し、もって豊かで活力ある地域社会の実現に寄与することを目的とする。

（定義）
第2条　この条例において、次の各号に掲げる用語の意義は、当該各号に定めるところによる。
　一　男女共同参画男女が、社会の対等な構成員として、自らの意思によって社会のあらゆる分野における活動に参画する機会が確保され、もって男女が均等に政治的、経済的、社会的及び文化的利益を享受することができ、かつ、共に責任を担うことをいう。
　二　積極的格差是正措置前号に規定する機会に係る男女間の格差を是正するため必要な範囲内において、男女のいずれか一方に対し、当該機会を積極的に提供することをいう。
　三　セクシュアル・ハラスメント性的な言動に対する相手方の対応によって不利益を与え、又は性的な言動により相手方の生活環境を害することをいう。

（基本理念）
第3条　男女共同参画の推進は、男女の個人としての尊厳が重んぜられること、男女が直接的であるか間接的であるかを問わず性別による差別的取扱いを受けないこと、男女が個人として能力を発揮する機会が確保されること、女性に対する暴力が根絶されることその他の男女の人権が尊重されることを旨として、行われなければならない。
2　男女共同参画の推進に当たっては、性別による固定的な役割分担等に基づく社会における制度又は慣行が男女の社会における活動の自由な選択に対して影響を及ぼすことのないよう配慮されなければならない。
3　男女共同参画の推進は、県における政策又は民間の団体における方針の立案及び決定に、男女が共同して参画する機会が確保されることを旨として、行われなければならない。
4　男女共同参画の推進は、家族を構成する男女が、相互の協力と社会の支援の下に、子育て、家族の介護その他の家庭生活における活動及び社会生活における活動に対等に参画することができるようにすることを旨として、行われなければならない。
5　男女共同参画の推進は、生涯にわたる性と生殖に関する健康と権利が尊重されることを旨として、行われなければならない。
6　男女共同参画の推進に向けた取組が国際社会における取組と密接な関係を有していることにかんがみ、男女共同参画の推進は、国際的な協力の下に行われなければならない。

（県の責務）
第4条　県は、男女共同参画の推進を主要な政策として位置付け、前条に定める基本理念（以下「基本理念」という。）にのっとり、男女共同参画の推進に関する施策（積極的格差是正措置を含む。以下同じ。）を総合的に策定し、及び実施するものとする。
2　県は、男女共同参画の推進に当たり、市町村、事業者及び県民と連携して取り組むものとする。
3　県は、第1項に規定する施策を総合的に企画し、調整し、及び推進するために必要な体制を整備するとともに、財政上の措置等を講ずるように努めるものとする。

（事業者の責務）
第5条　事業者は、基本理念にのっとり、その事業活動を行うに当たっては、男女が共同して参画することができる体制の整備に積極的に取り組むとともに、県が実施する男女共同参画の推進に関する施策に協力するように努めなければならない。

（県民の責務）
第6条　県民は、基本理念にのっとり、家庭、職場、学校、地域その他の社会のあらゆる分野に、自ら積極的に参画するとともに、県が実施する男女共同参画の推進に関する施策に協力するように努めなければならない。

（性別による権利侵害の禁止）
第7条　何人も、家庭、職場、学校、地域社会等において、女性に対する暴力を行ってはならない。
2　何人も、家庭、職場、学校、地域社会等において、セクシュアル・ハラスメントを行ってはならない。

（公衆に表示する情報に関する留意）
第8条　何人も、公衆に表示する情報において、性別による固定的な役割分担及び女性に対する暴力等を助長し、及び連想させる表現並びに過度の性的な表現を行わないように努めなければならない。

（県の施策等）
第9条　県は、本県の特性を踏まえ、男女共同参画を推進するため、次に掲げる施策等を行うものとする。
　一　男女が共に家庭生活及び職業生活を両立することができるように、その支援を行うように努めること。
　二　広報活動等の充実により、男女共同参画に関する事業者及び県民の理解を深めるとともに、学校教育をはじめとするあらゆる分野の教育において、男女共同参画を促進するための措置を講ずるように努めること。
　三　あらゆる分野における活動において、男女間に参画する機会の格差が生じている場合、事業者及び県民と協力し、積極的格差是正措置が講ぜられるように努めること。
　四　審議会等における委員を委嘱し、又は任命する場合にあっては、積極的格差是正措置を講ずることにより、できる限り男女の均衡を図ること。
　五　女性に対する暴力及びセクシュアル・ハラスメントの防止に努め、並びにこれらの被害を受けた者に対し、必要に応じた支援を行うように努めること。
　六　男女共同参画の取組を普及させるため、当該取組を積極的に行っている事業者の表彰等を行うこと。
　七　民間の団体が行う男女共同参画の推進に関する活動に資するため、情報の提供その他の必要な措置を講ずること。
　八　男女共同参画の推進に関する施策の策定に必要な事項及び男女共同参画の推進を阻害する問題についての調査研究を行うこと。

（埼玉県男女共同参画審議会）
第10条　埼玉県男女共同参画審議会（第12条第3項において「審議会」という。）は、男女共同参画の推進に資するために、次に掲げる事務を行う。
　一　知事の諮問に応じ、男女共同参画の推進に関する基本的かつ総合的な施策及び重要事項を調査審議すること。
　二　男女共同参画の推進に関する施策の実施状況について、必要に応じ、調査し、及び知事に意見を述べること。

（総合的な拠点施設の設置）
第11条　県は、男女共同参画社会の実現に向けた施策を実施し、並びに県民及び市町村による男女共同参画の取組を支援するための総合的な拠点施設を設置するものとする。
（基本計画の策定）
第12条　知事は、男女共同参画の推進に関する施策を総合的かつ計画的に推進するため、男女共同参画の推進に関する基本的な計画（以下「基本計画」という。）を策定するものとする。
2　基本計画は、次に掲げる事項について定めるものとする。
　一　総合的かつ長期的に講ずべき男女共同参画の推進に関する施策の大綱
　二　前号に掲げるもののほか、男女共同参画の推進に関する施策を総合的かつ計画的に推進するために必要な事項
3　知事は、基本計画を策定するに当たっては、県民の意見を聴くとともに、審議会に諮問しなければならない。
4　知事は、基本計画を策定したときは、速やかにこれを公表するものとする。
5　前2項の規定は、基本計画の変更について準用する。
（苦情の処理）
第13条　知事は、県が実施する男女共同参画の推進に関する施策若しくは男女共同参画の推進に影響を及ぼすと認められる施策についての苦情又は男女共同参画の推進を阻害する要因によって人権が侵害された場合の事案について、県内に住所を有する者又は在勤若しくは在学する者（次項において「県民等」という。）からの申出を適切かつ迅速に処理するための機関を設置するものとする。
2　県民等は、県が実施する男女共同参画の推進に関する施策若しくは男女共同参画の推進に影響を及ぼすと認められる施策について苦情がある場合、又は男女共同参画の推進を阻害する要因によって人権を侵害された場合には、前項の機関に申し出ることができる。
3　第1項の機関は、前項の規定に基づき苦情がある旨の申出があった場合において、必要に応じて、前項の施策を行う機関に対し、説明を求め、その保有する関係書類その他の記録を閲覧し、又はその写しの提出を求め、必要があると認めるときは、当該機関に是正その他の措置をとるように勧告等を行うものとする。
4　第1項の機関は、第2項の規定に基づき人権を侵害された旨の申出があった場合において、必要に応じて、関係者に対し、その協力を得た上で資料の提出及び説明を求め、必要があると認めるときは、当該関係者に助言、是正の要望等を行うものとする。
（年次報告）
第14条　知事は、毎年、男女共同参画の推進状況及び男女共同参画の推進に関する施策の実施状況を明らかにする報告書を作成し、及び公表するものとする。
（委任）
第15条　この条例の施行に関し必要な事項は、規則で定める。

　　附　則

　この条例は、平成12年4月1日から施行する。ただし、第13条の規定は、同年10月1日から施行する。

資料⑦ 男女共同参画・女性問題に関する推進体制（市（区）町村）

（平成16年4月1日現在）

都道府県	総市（区）町村数	行政連絡会議 設置市（区）町村数	行政連絡会議 設置割合（％）	諮問機関 設置市（区）町村数	諮問機関 設置割合（％）
北海道	212	21	9.9	24	11.3
青森県	67	13	19.4	11	16.4
岩手県	58	12	20.7	13	22.4
宮城県	69	18	26.1	16	23.2
秋田県	69	7	10.1	14	20.3
山形県	44	6	13.6	9	20.5
福島県	90	13	14.4	17	18.9
茨城県	83	23	27.7	23	27.7
栃木県	49	16	32.7	14	28.6
群馬県	69	12	17.4	7	10.1
埼玉県	90	65	72.2	55	61.1
千葉県	79	27	34.2	27	34.2
東京都	62	45	72.6	36	58.1
神奈川県	37	24	64.9	25	67.6
新潟県	98	26	26.5	24	24.5
富山県	35	15	42.9	12	34.3
石川県	39	7	17.9	11	28.2
福井県	34	12	35.3	13	38.2
山梨県	56	13	23.2	24	42.9
長野県	117	31	26.5	32	27.4
岐阜県	80	22	27.5	25	31.3
静岡県	69	32	46.4	29	42.0
愛知県	87	24	27.6	26	29.9

● 資料⑦ 男女共同参画・女性問題に関する推進体制

三重県	66	13	19.7	13	19.7
滋賀県	50	27	54.0	22	44.0
京都府	39	23	59.0	22	56.4
大阪府	44	40	90.9	23	52.3
兵庫県	85	21	24.7	14	16.5
奈良県	47	12	25.5	9	19.1
和歌山県	50	9	18.0	6	12.0
鳥取県	39	10	25.6	12	30.8
島根県	59	16	27.1	14	23.7
岡山県	78	12	15.4	19	24.4
広島県	65	21	32.3	23	35.4
山口県	53	20	37.7	26	49.1
徳島県	50	6	12.0	4	8.0
香川県	37	3	8.1	4	10.8
愛媛県	62	5	8.1	9	14.5
高知県	53	2	3.8	8	15.1
福岡県	96	36	37.5	41	42.7
佐賀県	49	8	16.3	6	12.2
長崎県	71	8	11.3	13	18.3
熊本県	87	35	40.2	35	40.2
大分県	58	13	22.4	12	20.7
宮崎県	44	13	29.5	10	22.7
鹿児島県	96	27	28.1	32	33.3
沖縄県	52	18	34.6	17	32.7
合計	3,123	882	28.2	881	28.2

（注）市（区）町村の中に政令指定都市を含む。
（内閣府男女共同参画局ホームページ掲載資料より引用。以下⑭まで同じ）

資料⑧ 女性管理職の登用状況（市（区）町村）

都道府県	総市(区)町村数	女性比率(%)	課長以上職（全体）							女性比率(%)	課長以上職（うち一般行政職）							調査時点
			女性の比率の分布（該当市(区)町村数）								女性の比率の分布（該当市(区)町村数）						
			0%	5%未満(除く0%)	5%以上10%未満	10%以上15%未満	15%以上20%未満	20%以上25%未満	25%以上30%未満	30%以上		0%	5%未満(除く0%)	5%以上10%未満	10%以上15%未満	15%以上20%未満	20%以上25%未満	25%以上30%未満	30%以上	
北海道	212	7.5	71	37	59	24	12	9	0	0	3.3	112	45	40	8	5	2	0	0	H16.4.1
青森県	67	8.2	21	5	20	9	6	4	0	2	5.0	29	8	15	6	3	4	0	2	H16.4.1
岩手県	58	8.1	18	5	19	4	4	4	1	3	5.8	28	5	14	1	4	3	1	2	H16.4.1
宮城県	69	7.2	23	7	20	10	3	4	1	1	6.5	28	10	20	6	1	3	0	1	H16.4.1
秋田県	69	5.5	41	3	11	7	2	2	2	1	3.8	44	5	9	4	2	2	3	0	H16.4.1
山形県	44	5.8	18	6	13	7	0	0	0	0	2.3	29	5	5	5	0	0	0	0	H16.4.1
福島県	90	6.7	33	10	21	8	9	2	3	4	5.3	41	9	17	10	6	2	1	4	H16.4.1
茨城県	83	5.9	23	21	21	13	3	1	1	0	5.3	27	19	21	12	3	0	1	0	H16.4.1
栃木県	49	9.2	14	6	10	8	8	1	2	0	8.4	16	7	10	7	5	2	1	1	H16.4.1
群馬県	69	3.5	40	8	12	6	0	2	1	0	3.3	40	8	12	7	0	1	1	0	H16.4.1
埼玉県	90	6.2	14	28	33	7	5	1	2	0	5.0	17	28	29	11	3	0	1	1	H16.4.1
千葉県	79	3.6	34	25	16	1	1	1	1	0	3.2	40	22	13	2	1	0	1	0	H16.4.1
東京都	62	10.5	10	8	19	17	6	2	0	0	7.6	11	13	24	9	5	0	0	0	H16.4.1
神奈川県	37	6.9	8	8	16	4	1	0	0	0	4.4	8	15	11	2	1	0	0	0	H16.4.1
新潟県	98	6.4	62	6	14	4	4	6	0	2	4.4	68	6	14	3	1	3	1	2	H16.4.1
富山県	35	12.1	10	3	5	4	3	2	6	2	7.0	13	5	6	4	2	1	4	0	H16.4.1
石川県	39	8.5	21	4	6	3	2	1	1	1	6.7	25	4	2	7	0	1	0	0	H16.4.1
福井県	34	5.4	19	5	6	2	1	1	0	0	4.8	21	4	5	2	1	1	0	0	H16.4.1
山梨県	56	7.3	18	5	13	12	5	3	0	0	5.6	22	4	13	9	6	1	0	1	H16.4.1
長野県	117	6.7	67	8	16	11	6	4	2	3	5.5	73	11	10	6	5	4	4	3	H16.4.1
岐阜県	80	7.6	31	11	14	11	5	5	2	1	5.3	38	12	14	11	3	5	1	0	H16.4.1
静岡県	69	8.1	36	8	18	2	3	0	2	0	4.7	39	13	13	4	4	0	0	0	H16.4.1
愛知県	87	8.7	26	10	24	14	9	3	1	0	3.4	35	26	18	4	4	0	0	0	H16.4.1
三重県	66	13.8	10	3	18	9	5	5	8	4	8.9	19	7	20	6	5	5	2	2	H16.4.1
滋賀県	50	10.0	7	6	15	13	3	4	2	0	6.9	11	7	16	9	4	1	2	0	H16.4.1

●資料⑧ 女性管理職の登用状況

京都府	39	9.0	8	3	11	5	6	1	1	5.6	12	7	9	2	1	0	1	H16.4.1
大阪府	44	6.6	4	14	12	11	2	1	0	3.6	12	25	5	1	0	0	0	H16.4.1
兵庫県	85	7.4	25	11	30	10	6	3	0	4.7	29	16	27	6	0	0	0	H16.4.1
奈良県	47	8.3	17	7	7	5	6	3	2	4.6	20	10	6	2	0	1	1	H16.4.1
和歌山県	50	7.4	20	5	8	6	7	4	0	4.4	27	7	5	1	3	1	0	H16.4.1
鳥取県	39	20.5	2	0	5	3	5	6	8	19.8	2	0	6	5	5	8	8	H16.4.1
島根県	59	12.8	13	1	15	11	8	6	3	8.3	19	3	14	3	6	0	0	H16.4.1
岡山県	78	7.9	32	4	13	8	11	3	2	5.9	41	7	5	8	1	3	4	H16.4.1
広島県	65	10.0	12	8	10	7	7	5	5	7.3	16	11	9	4	4	7	4	H16.4.1
山口県	53	7.5	14	6	15	6	5	2	9	5.6	19	7	14	3	2	0	1	H16.4.1
徳島県	50	16.4	8	1	5	6	6	9	1	13.6	9	3	8	6	9	3	6	H16.4.1
香川県	37	6.0	14	4	9	3	4	2	0	2.9	24	3	6	3	0	0	1	H16.4.1
愛媛県	62	9.6	21	6	14	10	6	3	1	5.4	28	10	10	8	4	1	1	H16.4.1
高知県	53	9.8	24	3	6	5	5	2	6	6.8	27	3	7	7	0	2	5	H16.5.1
福岡県	96	5.4	43	10	22	14	4	2	0	4.7	49	11	16	13	2	1	0	H16.3.31
佐賀県	49	5.2	24	4	14	3	3	1	0	4.8	28	4	10	2	4	1	0	H16.4.1
長崎県	71	7.8	31	4	15	9	8	2	1	6.2	34	6	13	7	5	3	2	H16.4.1
熊本県	87	5.5	44	6	18	7	5	5	2	4.2	49	7	17	5	4	2	0	H16.4.1
大分県	58	5.6	21	5	19	5	5	1	0	4.9	23	5	19	6	1	1	1	H16.4.1
宮崎県	44	3.2	23	2	15	3	1	0	0	3.2	28	2	6	1	0	0	0	H16.4.1
鹿児島県	96	3.1	71	10	9	3	3	0	0	2.0	75	8	9	2	0	0	0	H16.4.1
沖縄県	52	6.4	23	7	16	4	1	0	0	6.1	24	7	14	5	1	1	0	H16.4.1
計	3,123	7.6	1,169	367	727	354	219	131	81	5.2	1,429	458	605	293	141	85	55	
割合(%)		7.6	37.4	11.8	23.3	11.3	7.0	4.2	2.6		45.8	14.7	19.4	9.4	4.5	2.7	1.8	
うち市(区)	718	7.2	83	228	248	97	40	16	4	4.5	135	331	187	48	10	5	1	
割合(%)			11.6	31.8	34.5	13.5	5.6	2.2	0.6		18.8	46.1	26.0	6.7	1.4	0.7	0.1	
うち町村	2,405	8.3	1,086	139	479	257	179	115	77	6.3	1,294	127	418	245	131	80	54	
割合(%)			45.2	5.8	19.9	10.7	7.4	4.8	3.2		53.8	5.3	17.4	10.2	5.4	3.3	2.2	

(注) 1 市（区）町村の中に政令指定都市を含む。
2 大阪府に含まれる大阪市は全体が平成15年10月1日現在、一般行政職が16年4月1日現在の数値。

資料⑨ 女性公務員の登用・採用のための措置（都道府県・政令指定都市）

都道府県政令指定都市	女性登用・採用のための措置				その他
	採用目標の設定	管理職登用目標の設定	計画の策定	採用・登用担当者の設置	庁内意見交換を実施	
北海道						
青森県	○					知事部局では、配置等において、管理職等への登用及び職域の拡大に努めている。
岩手県		○			○	
宮城県						
秋田県						
山形県						
福島県		○			○	「県庁男女共同参画推進行動計画（仮称）」策定中
茨城県						採用試験説明会で女性職員による説明を実施
栃木県						女性の配置割合が低い職場への積極的配置による職域拡大・能力開発
群馬県						
埼玉県						人事方針に「女性の積極登用」を明記し、登用を行っている
千葉県						
東京都						
神奈川県						県女性職員の一層の職域拡大を図るとともに、能力や意欲のある女性の管理職への登用を積極的に進めるため「女性職員の職域拡大等に関する連絡会議」を開催し、職域拡大や管理職の登用に向けた意識の醸成を行っている。
新潟県						女性の政策・方針決定の場への参画の促進を図るため、「女性職員キャリアアップ研修」を実施
富山県						
石川県						
福井県		○				男女を問わず、優秀な人材を積極的に採用・登用
山梨県						
長野県		○			○	警察業務の特殊性を考慮しつつ、女性職員の職域拡大を図っている。（警察本部）
岐阜県		○			○	人事担当部署に女性採用担当理監を設置
静岡県						
愛知県						
三重県		○			○	
滋賀県		○				特に数値目標は設けていないが、これまで以上に女性職員の登用と多様な職場への配置に努めている
京都府						女性のための大阪府職員セミナーの開催
大阪府		○			○	「平成16年人事異動方針」において全ての職場へ女性職員を積極配置する方針を打ち出した（当面は10名以上の所属を対象とする）
兵庫県						人事異動方針において女性の積極的登用を明記し、職域の拡大や大学院、各省庁への派遣を行うなど、意思政策決定に参画しうる女性職員の養成に努めている。

資料⑨ 女性公務員の登用・採用のための措置

		措置内容
奈良県	○	
和歌山県	○	管理職及び係長級以上への登用を積極的に行なう
鳥取県	○	採用目標の設定、採用・登用計画の策定、採用・登用担当者の設置、庁内の意見交換等の場の設置、採用取組の人事異動において個別に配慮
島根県		
岡山県	○	●警察における採用・登用 採用については、警察官・一般職員ともに、総数については今後も拡大を図る予定。幹部への登用については、男女を問わず、能力のある人材は積極的に登用している。(警察官については試験による昇任)
広島県		
山口県		
徳島県		職域拡大の成果を踏まえた積極的な管理職員等への任用
香川県	○	
愛媛県		
高知県	○	
福岡県		女性職員の職域拡大を図ることにより、その能力の開発を行い、積極的に女性職員の登用を図ることを人事異動方針としている。
佐賀県		
長崎県		
熊本県	○	大分県人材育成基本方針(女性職員の登用・職域拡大について記述) 採用、登用状況について定期的に分析している
大分県		
宮崎県		
鹿児島県	○	
沖縄県		
札幌市		
仙台市	○	男女の別なく、能力主義・実績主義に基づき、適材適所の観点から行っている。
千葉市		
横浜市		
川崎市		
名古屋市	○	
京都市		
大阪市		
神戸市		神戸市職員いきいきプラン〜神戸市人材育成基本計画〜を作成しており、今後そのなかで女性職員の管理職への積極的な登用のための方策について検討していく。
広島市	○	
福岡市		
北九州市	○	男女の区別のない配置の推進
さいたま市		

資料⑩ 地方議会における女性議員の状況

都道府県政令都市	都道府県議会 議員現員数(a)	女性議員(b)	女性比率(b/a, %)	市(区)議会 議員現員数(c)	女性議員(d)	女性比率(d/c, %)	町村議会 議員現員数(e)	女性議員(f)	女性比率(f/e, %)
北海道	108	8	7.4	863	95	11.0	2,602	134	5.1
青森県	50	1	2.0	211	16	7.6	892	35	3.9
岩手県	51	4	7.8	347	24	6.9	793	27	3.4
宮城県	63	3	4.8	285	29	10.2	1,066	44	4.1
秋田県	48	3	6.3	240	19	7.9	1,021	30	2.9
山形県	46	1	2.2	319	15	4.7	520	15	2.9
福島県	58	3	5.2	286	22	7.7	1,236	29	2.3
茨城県	64	4	6.3	573	59	10.3	1,073	48	4.5
栃木県	53	3	5.7	323	36	11.1	658	40	6.1
群馬県	56	1	1.8	286	26	9.1	920	43	4.7
埼玉県	94	9	9.6	1,124	208	18.5	837	105	12.5
千葉県	97	8	8.2	990	142	14.3	755	43	5.7
東京都	122	21	17.2	1,625	362	22.3	148	15	10.1
神奈川県	106	10	9.4	646	131	20.3	302	58	19.2
新潟県	61	3	4.9	514	37	7.2	1,452	67	4.6
富山県	45	2	4.4	213	15	7.0	354	19	5.4
石川県	46	3	6.5	183	18	9.8	466	13	2.8
福井県	40	0	0.0	180	12	6.7	397	14	3.5
山梨県	41	5	12.2	250	19	7.6	734	43	5.9
長野県	58	8	13.8	463	63	13.6	1,445	123	8.5
岐阜県	49	3	6.1	413	40	9.7	982	60	6.1
静岡県	77	7	9.1	556	52	9.4	786	45	5.7
愛知県	105	5	4.8	928	106	11.4	876	82	9.4
三重県	51	2	3.9	377	44	11.7	741	53	7.2
滋賀県	46	8	17.4	195	25	12.8	604	50	8.3
京都府	62	5	8.1	346	57	16.5	484	50	10.3
大阪府	112	7	6.3	923	156	16.9	177	30	16.9
兵庫県	92	9	9.8	653	90	13.8	979	73	7.5
奈良県	48	5	10.4	231	30	13.0	472	30	6.4
和歌山県	46	1	2.2	152	12	7.9	593	31	5.2

資料⑩ 地方議会における女性議員の状況

鳥取県	38	3	7.9	99	13	13.1	496	32	6.5
島根県	39	0	0.0	198	15	7.6	683	40	5.9
岡山県	56	5	8.9	272	30	11.0	855	52	6.1
広島県	70	3	4.3	369	33	8.9	875	51	5.8
山口県	53	4	7.5	380	36	9.5	591	34	5.8
徳島県	40	4	10.0	113	11	9.7	643	29	4.5
香川県	45	2	4.4	180	16	8.9	420	26	6.2
愛媛県	50	3	6.0	298	29	9.7	802	28	3.5
高知県	40	2	5.0	198	23	11.6	589	42	7.1
福岡県	87	4	4.6	632	75	11.9	1,093	87	8.0
佐賀県	41	1	2.4	186	14	7.5	619	37	6.0
長崎県	51	1	2.0	226	18	8.0	1,036	33	3.2
熊本県	55	1	1.8	283	20	7.1	1,178	35	3.0
大分県	46	3	6.5	272	21	7.7	619	18	2.9
宮崎県	44	1	2.3	240	15	6.3	524	30	5.7
鹿児島県	53	2	3.8	340	25	7.4	1,309	49	3.7
沖縄県	46	6	13.0	306	26	8.5	628	21	3.3
計	2,849	197	6.9	19,287	2,380	12.3	37,325	2,093	5.6
(再掲)									
札幌市	—	—	—	66	11	16.7	—	—	—
仙台市	—	—	—	60	10	16.7	—	—	—
千葉市	—	—	—	56	13	23.2	—	—	—
横浜市	—	—	—	91	18	19.8	—	—	—
川崎市	—	—	—	63	12	19.0	—	—	—
名古屋市	—	—	—	74	15	20.3	—	—	—
京都市	—	—	—	69	13	18.8	—	—	—
大阪市	—	—	—	89	11	12.4	—	—	—
神戸市	—	—	—	71	8	11.3	—	—	—
広島市	—	—	—	60	7	11.7	—	—	—
福岡市	—	—	—	62	6	9.7	—	—	—
北九州市	—	—	—	63	7	11.1	—	—	—
さいたま市	—	—	—	62	11	17.7	—	—	—
計	—	—	—	886	142	16.0	—	—	—

(H15.12.31.現在)

(注) 1 総務省資料より作成。
2 都道府県ごとの市区議会数には政令指定都市の市議会を含む。

資料① 市（区）・町村議会における女性議員の状況

(H15.12.31 現在)

都道府県	市（区）議会の女性議員割合（該当議会数）									町村議会の女性議員割合（該当議会数）								
	議会総数	0%	5%未満（除く0%）	5%以上10%未満	10%以上15%未満	15%以上20%未満	20%以上25%未満	25%以上30%未満	30%以上	議会総数	0%	5%未満（除く0%）	5%以上10%未満	10%以上15%未満	15%以上20%未満	20%以上25%未満	25%以上30%未満	30%以上
北海道	34	2	5	12	8	4	3	0	0	178	79	4	65	25	3	2	0	0
青森県	8	0	2	4	2	0	0	0	0	59	33	1	17	7	0	1	0	0
岩手県	13	3	3	3	3	1	0	0	0	45	24	4	12	5	0	0	0	0
宮城県	10	0	3	3	2	2	0	0	0	59	32	3	16	6	0	2	0	0
秋田県	9	1	1	5	2	0	0	0	0	60	37	2	16	4	0	1	0	0
山形県	13	2	6	5	0	0	0	0	0	31	20	0	9	1	1	0	0	0
福島県	10	1	3	4	1	1	0	0	0	80	56	1	19	3	0	0	1	0
茨城県	22	1	3	8	5	4	0	1	0	61	32	4	16	6	1	2	0	0
栃木県	12	0	3	2	4	1	1	1	0	37	10	3	14	8	1	1	0	0
群馬県	11	2	1	4	2	2	0	0	0	58	28	0	19	10	1	0	0	0
埼玉県	41	1	0	4	9	9	7	8	3	49	7	1	12	13	9	3	2	2
千葉県	33	2	6	5	5	9	3	1	2	46	16	0	20	8	2	0	0	0
東京都	49	0	0	1	4	13	13	11	7	13	6	0	1	4	1	0	1	0
神奈川県	19	0	0	0	4	6	3	5	1	18	1	0	3	4	3	3	1	3
新潟県	20	2	5	7	5	1	0	0	0	90	42	0	38	6	3	0	0	1
富山県	9	1	1	5	2	0	0	0	0	26	12	0	10	2	2	0	0	0
石川県	8	0	1	4	2	1	0	0	0	33	22	0	9	2	0	0	0	0
福井県	7	1	1	4	1	0	0	0	0	28	17	0	8	3	0	0	0	0
山梨県	8	1	2	2	1	2	0	0	0	48	18	2	18	4	4	2	0	0
長野県	17	0	0	5	5	5	2	0	0	101	30	0	34	18	13	2	1	3
岐阜県	16	0	3	6	5	2	0	0	0	80	37	0	24	13	4	1	0	1
静岡県	20	1	2	9	7	1	0	0	0	53	20	0	22	9	2	0	0	0
愛知県	32	1	2	10	11	6	2	0	0	55	14	0	17	14	6	3	1	0
三重県	14	0	0	5	5	3	0	1	0	52	19	0	20	7	3	0	2	1
滋賀県	8	1	0	3	0	3	0	1	0	42	12	0	17	8	2	2	1	0

●資料⑪ 市（区）町村議会における女性議員の状況

京都府	12	0	1	1	3	4	2	1	0	32	6	0	16	4	2	0	2	2
大阪府	33	0	0	3	6	15	8	0	1	11	0	0	3	2	2	3	0	1
兵庫県	22	0	2	5	6	4	4	1	0	66	25	0	23	8	5	1	2	2
奈良県	10	1	1	1	3	2	1	1	0	37	21	0	8	5	0	0	2	1
和歌山県	7	3	0	2	1	1	0	0	0	43	20	0	15	6	2	0	0	0
鳥取県	4	0	0	2	1	0	1	0	0	35	11	0	17	6	0	0	1	0
島根県	8	0	4	1	3	0	0	0	0	51	24	0	16	7	2	1	1	0
岡山県	10	1	0	2	5	2	0	0	0	68	33	0	17	10	2	4	1	1
広島県	13	1	1	6	4	1	0	0	0	66	31	1	18	11	2	2	1	0
山口県	13	1	2	4	4	1	0	1	0	40	18	1	14	5	1	0	1	0
徳島県	4	1	0	1	1	1	0	0	0	46	23	0	14	6	3	0	0	0
香川県	7	1	2	2	0	2	0	0	0	30	10	0	12	5	3	0	0	0
愛媛県	12	1	2	5	2	1	1	0	0	57	35	0	16	4	0	1	1	0
高知県	9	0	0	3	3	3	0	0	0	44	15	0	15	11	1	2	0	1
福岡県	24	2	2	7	7	3	2	0	1	72	20	0	31	13	3	2	2	1
佐賀県	7	1	0	4	2	0	0	0	0	42	16	0	15	9	1	1	0	0
長崎県	8	1	2	2	3	0	0	0	0	71	43	1	23	3	0	0	0	1
熊本県	11	3	4	1	2	1	0	0	0	79	52	1	20	5	1	0	0	0
大分県	11	1	1	7	2	0	0	0	0	47	33	1	9	2	2	0	0	0
宮崎県	9	1	4	3	1	1	0	0	0	35	14	0	14	5	2	0	0	0
鹿児島県	14	2	5	3	3	1	0	0	0	82	44	0	28	8	1	1	0	0
沖縄県	11	1	1	5	4	0	0	0	0	41	29	0	7	4	1	0	0	0
計	702	45	87	190	161	118	53	33	15	2,497	1,147	30	807	329	97	42	29	16
割合(%)		6.4	12.4	27.1	22.9	16.8	7.5	4.7	2.1		45.9	1.2	32.3	13.2	3.9	1.7	1.2	0.6

（注１）総務省資料より作成。
（注２）市（区）町村には政令都市を含む。

資料⑫　男女共同参画・女性関係予算

都道府県政令都市	14年度 総額(千円)(a)	15年度 総額(千円)(b)	16年度 総額(千円)(c)*注	前年比(%)(c/b)	一般予算総額に占める割合(%)	男女共同参画・女性のための施設整備費(千円)(d)
北 海 道	119,689	105,768	99,381	△6.0	0.004	0
青 森 県	115,725	109,676	92,685	△15.5	0.012	0
岩 手 県	58,769	44,247	41,191	△6.9	0.005	0
宮 城 県	20,937	19,075	25,041	31.3	0.003	0
秋 田 県	61,555	109,204	118,455	8.5	0.020	0
山 形 県	51,594	37,587	35,073	△6.7	0.006	0
福 島 県	348,489	330,249	308,550	△6.6	0.034	0
茨 城 県	56,180	61,524	69,277	12.6	0.007	0
栃 木 県	252,907	253,802	231,387	△8.8	0.030	0
群 馬 県	63,006	110,170	119,069	8.1	0.015	0
埼 玉 県	414,191	399,905	378,685	△5.3	0.022	0
千 葉 県	50,271	31,940	23,312	△27.0	0.001	0
東 京 都	16,174	27,867	30,322	8.8	0.001	0
神奈川県	304,768	309,432	308,738	△0.2	0.020	0
新 潟 県	71,713	63,776	56,314	△11.7	0.005	0
富 山 県	222,983	234,874	220,244	△6.2	0.040	0
石 川 県	168,864	172,457	165,416	△4.1	0.030	0
福 井 県	171,884	152,265	141,868	△6.8	0.028	0
山 梨 県	125,555	122,229	122,688	0.4	0.020	0
長 野 県	122,882	137,065	115,483	△15.7	0.013	0
岐 阜 県	30,558	25,097	25,548	1.8	0.003	0
静 岡 県	248,453	242,992	244,010	0.4	0.021	0
愛 知 県	606,435	492,014	448,352	△8.9	0.019	20,293
三 重 県	133,483	117,151	122,084	4.2	0.017	0
滋 賀 県	131,337	118,066	112,506	△4.7	0.021	46,886
京 都 府	122,304	127,404	128,414	0.8	0.016	0
大 阪 府	379,869	367,425	354,359	△3.6	0.008	5,070
兵 庫 県	183,847	170,947	157,701	△7.7	0.008	0
奈 良 県	67,234	64,065	60,572	△5.5	0.012	0

資料⑫ 自治体と男女共同参画・女性関係予算

和歌山県	66,963	54,102	64,509	19.2	0.011	0
鳥取県	147,754	139,082	131,406	△5.5	0.032	0
島根県	197,961	188,703	172,610	△8.5	0.029	0
岡山県	154,889	147,737	145,427	△1.6	0.000	0
広島県	97,731	78,274	63,875	△18.4	0.006	0
山口県	67,140	52,529	75,421	43.6	0.010	0
徳島県	74,008	68,652	55,994	△18.4	0.011	10,000
香川県	28,748	21,875	17,783	△18.7	0.004	0
愛媛県	149,641	150,804	145,606	△3.4	0.023	0
高知県	198,486	190,177	179,677	△5.5	0.037	0
福岡県	237,579	196,853	177,567	△9.8	0.010	0
佐賀県	361,349	313,678	328,614	4.8	0.070	0
長崎県	63,621	76,325	28,922	△62.1	0.005	0
熊本県	75,544	119,025	103,034	△13.4	0.014	0
大分県	45,219	91,237	79,925	△12.4	0.013	0
宮崎県	67,116	63,514	55,073	△13.3	0.009	3,276
鹿児島県	23,676	46,729	36,412	△22.1	0.004	0
沖縄県	158,373	156,562	153,787	△1.8	0.025	0
計	6,937,454	6,714,131	6,372,367	△5.1		85,525
札幌市	145,118	412,353	351,770	△14.7	0.043	0
仙台市	407,381	672,138	672,553	0.1	0.161	0
千葉市	243,427	260,598	248,810	△4.5	0.070	0
横浜市	887,773	853,921	787,131	△7.8	0.040	1,123,573
川崎市	126,548	127,728	121,620	△4.8	0.022	0
名古屋市	21,185	119,308	99,167	△16.9	0.010	0
京都市	306,571	301,275	261,353	△13.3	0.040	0
大阪市	976,923	969,778	940,032	△3.1	0.080	0
神戸市	178,496	140,055	135,726	△3.1	0.020	0
広島市	41,817	36,644	33,083	△9.7	0.006	0
福岡市	378,586	360,382	346,465	△3.9	0.047	0
北九州市	452,968	456,948	449,855	△1.6	0.085	5,700
さいたま市	35,964	46,310	49,941	7.8	0.014	0
計	4,202,757	4,757,438	4,497,506	△5.5		1,129,273
合計	11,140,211	11,471,569	10,869,873	△5.2		1,214,798

＊注（c）には施設整備費（d）を含まない。

資料⑬ 男女共同参画・女性問題に関する職員研修の実績

都道府県政令都市	男女共同参画・女性問題の講演会・研修会	一般研修に男女共同参画・女性問題の講演等を組み入れ	国、民間等が行う研修に職員を派遣	女性職員を対象とした能力開発や管理職登用のための研修の実施	研修受講職員の男女比を配慮	その他
北海道						
青森県	○	○				
岩手県	○		○			女性職員を対象とした管理・監督者研修会への職員の派遣
宮城県	○	○				宿泊棟に女性専用階を設けている。
秋田県	○	○		○	○	
山形県						
福島県	○	○		○	○	
茨城県	○	○				
栃木県	○	○				
群馬県	○	○				
埼玉県	○	○				
千葉県	○	○				
東京都	○	○		○	○	
神奈川県	○	○				
新潟県	○	○			○	
富山県						
石川県	○	○				
福井県	○	○				
山梨県	○	○				
長野県	○	○				
岐阜県	○	○				
静岡県	○	○				
愛知県	○	○				
三重県	○	○				
滋賀県	○	○		○		
京都府	○	○		○		新任主幹級研修及び新任課長補佐課長補佐研修については、指名研修であり、男女を問わず受講を義務づけている。その他の研修については、希望者全員が受講できるよう配慮している。
大阪府	○	○				
兵庫県	○	○		○		自治大学校第1部特別研修へ女性1名派遣、女性職員のための自己啓発講座（チャレンジプログラム）の支援
奈良県						昭和63年度から自治大学第1部特別課程に女性職員1名を毎年派遣している。
和歌山県	○	○				

● 資料⑬　男女共同参画・女性問題に関する職員研修の実績

				備考
鳥取県	○	○		
島根県		○		
岡山県		○		
広島県	○	○		
山口県		○		
徳島県	○	○		
香川県	○	○		
愛媛県	○	○		
高知県		○		
福岡県		○	○	グループ編成時に各グループに女性の受講者が含まれるよう配慮している。
佐賀県		○		
長崎県	○	○	○	
熊本県	○	○		
大分県	○	○		
宮崎県	○	○		
鹿児島県		○		
沖縄県		○		
計	30	42	46	11	4
札幌市	○	○		
仙台市		○	○	
千葉市		○	○	
横浜市		○		
川崎市		○		
名古屋市		○	○	
京都市		○		
大阪市	○	○		
神戸市		○	○	
広島市		○	○	自治大等への派遣
福岡市		○		
北九州市		○		
さいたま市	○			
計	11	12	13	3	1
合計	41	54	59	14	5

(注) 実施したものに「○」を記入

115

資料⑭　自治体と民間団体（女性団体等）との連携

都道府県政令都市	民間団体の組織化	意見交換会	自治体からの情報提供	助成金交付	事業委託	共同事業	その他
北海道			○	○	○		
青森県	○		○		○		
岩手県	○	○	○	○	○	○	
宮城県	○	○	○	○	○	○	
秋田県	○		○	○	○		
山形県	○		○	○	○	○	
福島県	○		○	○	○		
茨城県	○		○		○		
栃木県	○		○	○		○	
群馬県	○		○	○	○		
埼玉県	○	○	○				
千葉県		○	○				
東京都							
神奈川県	○	○		○			
新潟県							
富山県	○	○				○	
石川県	○	○			○	○	
福井県	○	○				○	
山梨県	○	○				○	
長野県	○	○		○	○	○	
岐阜県	○			○		○	
静岡県				○	○	○	
愛知県	○	○		○	○	○	
三重県						○	
滋賀県		○				○	
京都府		○				○	
大阪府		○		○		○	
兵庫県						○	
奈良県		○				○	
和歌山県							
鳥取県			○			○	
島根県	○		○				

● 資料⑭ 自治体と民間団体（女性団体等）との連携

岡山県	○				○	
広島県	○			○		
山口県	○	○		○	○	
徳島県	○	○		○	○	
香川県	○			○		○
愛媛県	○	○		○	○	
高知県	○		○	○		
福岡県	○	○		○	○	
佐賀県		○		○	○	
長崎県	○	○		○	○	
熊本県		○		○	○	
大分県	○	○		○	○	
宮崎県		○		○	○	
鹿児島県	○	○	○	○	○	
沖縄県	○	○			○	
計	40	28	46	28	32	1
札幌市	○		○	○	○	○
仙台市				○		
千葉市			○		○	
横浜市			○			
川崎市					○	
名古屋市	○	○	○	○	○	○
京都市	○	○	○	○	○	
大阪市	○	○	○	○	○	
神戸市			○	○	○	
広島市	○	○	○	○	○	○
福岡市	○	○	○		○	
北九州市	○					
さいたま市				○	○	
計	10	6	11	11	6	2
合計	50	34	57	39	38	3

（注）実施しているものに「○」を記入

資料⑮　世界女性国会議員比率ランキング

(2004年10月30日現在)（単位：％）

下院順位	国名	地域名	下院	上院	上院順位	下院順位	国名	地域名	下院	上院	上院順位
1	ルワンダ	アフリカ	48.8	30.0	12	48	スロバキア	欧州	19.3	—	—
2	スウェーデン	欧州	45.3	—	—	49	ギニア	アフリカ	19.3	—	—
3	デンマーク	欧州	38.0	—	—	50	セネガル	アフリカ	19.2	—	—
4	フィンランド	欧州	37.5	—	—	51	ポルトガル	欧州	19.1	—	—
5	オランダ	欧州	36.7	29.3	14	52	エストニア	欧州	18.8	—	—
6	ノルウェー	欧州	36.4	—	—	53	ドミニカ	中米	18.8	—	—
7	スペイン	欧州	36.0	23.2	20	54	ボリビア	南米	18.5	14.8	36
8	キューバ	中米	36.0	—	—	55	ブルンジ	アフリカ	18.4	18.9	26
9	ベルギー	欧州	35.3	36.6	2	56	ペルー	南米	18.3	—	—
10	コスタリカ	中米	35.1	—	—	56	マケドニア	欧州	18.3	—	—
11	アルゼンチン	南米	34.0	33.3	6	58	赤道ギニア	アフリカ	18.0	—	—
12	オーストリア	欧州	33.9	21.0	23	59	イギリス	欧州	17.9	16.7	30
13	南アフリカ共和国	アフリカ	32.8	31.5	9	60	クロアチア	欧州	17.8	—	—
14	ドイツ	欧州	32.2	24.6	17	61	スリナム	南米	17.6	—	—
15	アイスランド	欧州	30.2	—	—	62	ドミニカ共和国	中米	17.3	6.3	53
16	モザンビーク	アフリカ	30.0	—	—	63	チェコ	欧州	17.0	12.3	41
17	セーシェル	インド洋	29.4	—	—	64	サンマリノ	欧州	16.7	—	—
18	ベラルーシ	欧州	29.0	31.1	10	64	パナマ	中米	16.7	—	—
19	ニュージーランド	オセアニア	28.3	—	—	64	ボスニア・ヘルツェゴビナ	欧州	16.7	0.0	64
20	ベトナム	東南アジア	27.3	—	—	67	エクアドル	南米	16.0	—	—
21	グレナダ	中米	26.7	30.8	11	68	シンガポール	東南アジア	16.0	—	—
22	ナミビア	アフリカ	26.4	7.7	51	69	アンゴラ	アフリカ	15.5	—	—
23	ブルガリア	欧州	26.3	—	—	70	フィリピン	東南アジア	15.3	?	?
24	東ティモール	東南アジア	26.1	—	—	71	イスラエル	中東	15.0	—	—
25	トルクメニスタン	アジア	26.0	—	—	72	マラウィ	アフリカ	14.6	—	—
26	スイス	欧州	25.0	23.9	18	73	シエラレオネ	アフリカ	14.5	—	—
27	ウガンダ	アフリカ	24.7	—	—	74	アンドラ	欧州	14.3	—	—
28	オーストラリア	オセアニア	24.7	28.9	15	75	アメリカ	北米	14.3	14.0	37
29	ラオス	東南アジア	22.9	—	—	76	ギリシャ	欧州	14.0	—	—
30	チュニジア	アフリカ	22.8	—	—	77	バルバドス	中米	13.3	23.8	19
31	セントビンセント・グレナディーン	中米	22.7	—	—	78	アイルランド	欧州	13.3	16.7	31
32	メキシコ	中米	22.6	15.6	32	79	ガンビア	アフリカ	13.2	—	—
33	エリトリア	アフリカ	22.0	—	—	80	韓国	アジア	13.0	—	—
34	パキスタン	アジア	21.6	18.0	27	81	モルドバ	欧州	12.9	—	—
35	タンザニア	アフリカ	21.4	—	—	82	タジキスタン	アジア	12.7	11.8	43
36	カナダ	北米	21.1	32.4	7	83	チリ	南米	12.5	4.1	58
37	ラトビア	欧州	21.0	—	—	84	スロベニア	欧州	12.2	—	—
38	モナコ	欧州	20.8	—	—	85	フランス	欧州	12.2	16.9	29
39	ニカラグア	中米	20.7	—	—	86	コロンビア	南米	12.0	8.8	47
40	リトアニア	欧州	20.6	—	—	87	ザンビア	アフリカ	12.0	—	—
41	中国	アジア	20.2	—	—	88	コンゴ共和国	アフリカ	12.0	2.5	61
42	ポーランド	欧州	20.2	23.0	22	88	シリア	中東	12.0	—	—
43	北朝鮮	アジア	20.1	—	—	88	リヒテンシュタイン	欧州	12.0	—	—
44	ガイアナ	南米	20.0	—	—	91	ブルキナファソ	アフリカ	11.7	—	—
44	バハマ	中米	20.0	43.8	1	92	ジャマイカ	中米	11.7	19.0	25
44	ルクセンブルク	欧州	20.0	—	—	93	レソト	アフリカ	11.7	36.4	3
47	トリニダードトバゴ	中米	19.4	32.3	8	94	イタリア	欧州	11.5	8.1	50

資料⑮ 世界女性国会議員比率ランキング

下院順位	国　名	地域名	下院	上院	上院順位	下院順位	国　名	地域名	下院	上院	上院順位
95	カボベルデ	アフリカ	11.1	—	—	144	アルバニア	欧　州	5.7	—	—
95	セントルシア	中　米	11.1	36.4	3	144	フィジー	南太平洋	5.7	6.3	53
97	インドネシア	東南アジア	11.1	—	—	144	モーリシャス	インド洋	5.7	—	—
98	ジブチ	アフリカ	10.8	—	—	147	ホンジュラス	中　米	5.5	—	—
98	スワジランド	アフリカ	10.8	30.0	12	148	ヨルダン	中　東	5.5	12.7	40
98	モロッコ	アフリカ	10.8	1.1	63	149	モンゴル	アジア	5.4	—	—
101	ルーマニア	欧　州	10.7	5.7	55	150	ウクライナ	欧　州	5.3	—	—
102	エルサルバドル	中　米	10.7	—	—	151	リベリア	アフリカ	5.3	—	—
102	キプロス	地中海	10.7	—	—	152	スリランカ	アジア	4.9	—	—
104	アンティグアバーブーダ	中　米	10.5	17.6	28	153	キリバス	南太平洋	4.8	—	—
105	アゼルバイジャン	アジア	10.5	—	—	154	アルメニア	アジア	4.6	—	—
106	カザフスタン	アジア	10.4	7.7	51	155	トルコ	中　東	4.4	—	—
107	マリ	アフリカ	10.2	—	—	156	バヌアツ	南太平洋	3.8	—	—
108	キルギス	アジア	10.0	2.2	62	157	マダガスカル	インド洋	3.8	11.1	44
108	ジンバブエ	アフリカ	10.0	—	—	158	モーリタニア	アフリカ	3.7	5.4	57
108	パラグアイ	南　米	10.0	8.9	46	159	ハイチ	中　米	3.6	25.9	16
111	ハンガリー	欧　州	9.8	—	—	160	ベリーズ	中　米	3.3	23.1	21
112	ロシア	欧　州	9.8	3.4	59	161	イラン	中　東	3.1	—	—
113	カンボジア	東南アジア	9.8	13.1	39	162	コモロ	アフリカ	3.0	—	—
114	スーダン	アフリカ	9.7	—	—	162	マーシャル諸島	太平洋	3.0	—	—
115	ベネズエラ	南　米	9.7	—	—	164	エジプト	アフリカ	2.4	5.7	56
116	ガーナ	アフリカ	9.5	—	—	165	レバノン	中　東	2.3	—	—
117	グルジア	アジア	9.4	—	—	166	バングラデシュ	アジア	2.0	—	—
118	ブータン	アジア	9.3	—	—	167	ニジェール	アフリカ	1.2	—	—
119	ガボン	アフリカ	9.2	15.4	33	168	パプアニューギニア	南太平洋	0.9	—	—
120	マルタ	地中海	9.2	—	—	169	イエメン	中　東	0.3	—	—
121	タイ	東南アジア	9.2	10.5	45	170	アラブ首長国連邦	中　東	0.0	—	—
122	マレーシア	東南アジア	9.1	35.3	5	170	クウェート	中　東	0.0	—	—
123	サントメプリンシペ	アフリカ	9.1	—	—	170	サウジアラビア	中　東	0.0	—	—
124	カメルーン	アフリカ	8.9	—	—	170	ソロモン諸島	南太平洋	0.0	—	—
125	ブラジル	南　米	8.6	12.3	41	170	ツバル	南太平洋	0.0	—	—
126	コンゴ	アフリカ	8.5	15.0	34	170	トンガ	南太平洋	0.0	—	—
127	コートジボワール	アフリカ	8.5	—	—	170	バーレーン	中　東	0.0	15.0	34
128	グアテマラ	中　米	8.2	—	—	170	パラオ	太平洋	0.0	0.0	64
129	インド	アジア	8.1	?	?	170	ミクロネシア	太平洋	0.0	—	—
130	セルビア・モンテネグロ	欧　州	7.9	—	—		全　体		15.7	14.8	
131	エチオピア	アフリカ	7.7	8.3	48
132	トーゴ	アフリカ	7.4	—	—
133	ベニン	アフリカ	7.2	—	—
134	ウズベキスタン	アジア	7.2	—	—
135	ケニア	アフリカ	7.1	—	—
136	**日　本**	**アジア**	**7.1**	**13.6**	**38**
137	ボツワナ	アフリカ	7.0	—	—
138	アルジェリア	アフリカ	6.2	19.4	24
139	ナイジェリア	アフリカ	6.1	2.8	60
140	サモア	南太平洋	6.1	—	—
141	モルディブ	インド洋	6.0	—	—
142	ネパール	アジア	5.9	8.3	48
143	チャド	アフリカ	5.8	—	—

（注）IPUの「国会における女性」をもとに、当編集部で厳密な順位を算出した。下院（＝第一院。日本の衆議院に相当し、一院制の議会も含む）は、調査対象178カ国全体で35,317議席。うち女性は5,546人で15.7%。二院制の国の上院（＝第二院。日本の参議院に相当）は、65カ国6,306議席中932人が女性で14.8%だった。両院合わせた女性国会議員総数は1,623議席中6,478人で15.6%となった。日本は、下院（衆院）は480議席中34人（7.1%）、上院（参院）は242議席中33人（13.6%）が女性。掲載は、下院に占める女性議員の比率の高い順に列挙し、上院は該当国の欄に続けて記した。比率が同率でも順位が異なる箇所は、小数点第2位以下の差による。?はデータ不明。上院欄の―は上院なし。

（市川房枝記念会編『女性展望』2005年1月号14～15頁より引用））

● 著者紹介

辻村　みよ子

東北大学大学院法学研究科教授（法学博士）
日本学術会議会員、21世紀COEプログラム「男女共同参画社会の法と政策」拠点代表

専攻：憲法学、比較憲法、ジェンダー法学

● 主著

フランス革命の憲法原理（日本評論社・1989年）
「権利」としての選挙権（勁草書房・1989年）
人権の普遍性と歴史性（創文社・1992年）
女性と人権（日本評論社・1997年）
憲法（日本評論社・2000年、第2版2004年）
市民主権の可能性（有信堂・2002年）
比較憲法（岩波書店・2003年）
世界のポジティヴ・アクションと男女共同参画（編書、東北大学出版会・2004年）
日本の男女共同参画政策（共編書、東北大学出版会・2005年）
ジェンダー法学・政治学の可能性（共編書、東北大学出版会・2005年）
ジェンダーと法（不磨書房・2005年）

コパ・ブックス発刊にあたって

　いま、どれだけの日本人が良識をもっているのであろうか。日本の国の運営に責任のある政治家の世界をみると、新聞などでは、しばしば良識のかけらもないような政治家の行動が報道されている。こうした政治家が選挙で確実に落選するというのであれば、まだしも救いはある。しかし、むしろ、このような政治家こそ選挙に強いというのが現実のようである。要するに、有権者である国民も良識をもっているとは言い難い。

　行政の世界をみても、真面目に仕事に従事している行政マンが多いとしても、そのほとんどはマニュアル通りに仕事をしているだけなのではないかと感じられる。何のために仕事をしているのか、誰のためなのか、その仕事が税金をつかってする必要があるのか、もっと別の方法で合理的にできないのか、等々を考え、仕事の仕方を改良しながら仕事をしている行政マンはほとんどいないのではなかろうか。これでは、とても良識をもっているとはいえまい。

　行政の顧客である国民も、何か困った事態が発生すると、行政にその責任を押しつけ解決を迫る傾向が強い。たとえば、洪水多発地域だと分かっている場所に家を建てても、現実に水がつけば、行政の怠慢ということで救済を訴えるのが普通である。これで、良識があるといえるのであろうか。

　この結果、行政は国民の生活全般に干渉しなければならなくなり、そのために法外な借財を抱えるようになっているが、国民は、国や地方自治体がどれだけ借財を重ねても全くといってよいほど無頓着である。政治家や行政マンもこうした国民に注意を喚起するという行動はほとんどしていない。これでは、日本の将来はないというべきである。

　日本が健全な国に立ち返るためには、政治家や行政マンが、さらには、国民が良識ある行動をしなければならない。良識ある行動、すなわち、優れた見識のもとに健全な判断をしていくことが必要である。良識を身につけるためには、状況に応じて理性ある討論をし、お互いに理性で納得していくことが基本となろう。

　自治体議会政策学会はこのような認識のもとに、理性ある討論の素材を提供しようと考え、今回、コパ・ブックスのシリーズを刊行することにした。COPAとは自治体議会政策学会の英略称である。

　良識を涵養するにあたって、このコパ・ブックスを役立ててもらえれば幸いである。

自治体議会政策学会　会長　竹下　　譲

COPABOOKS
自治体議会政策学会叢書
自治体と男女共同参画
―政策と課題―

発行日	2005年9月10日
著 者	辻村　みよ子
発行人	片岡　幸三
印刷所	㈱シナノ
発行所	イマジン出版株式会社

〒112-0013　東京都文京区音羽1-5-8
電話 03-3942-2520　FAX 03-3942-2623
http://www.imagine-j.co.jp

ISBN4-87299-395-0　C2031　¥1200E
乱丁・落丁の場合は小社にてお取替えいたします。